一看就懂的中華文化常識

李天飛　著

商務印書館

前言

快進來！異界正在舉行「美食達人」大選。正需要兩位嘉賓尋訪各朝代有資格參選的美食達人，我推薦了你們。

目錄

先秦

御用大廚

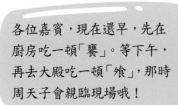

一天兩頓飯

古代管早飯叫「饔（yōng）」，又叫「朝食」。晚飯叫「飧（sūn）」，又叫「夕食」。在古代很長的一段時間裏，人們都是一天吃兩頓飯，叫「日再食」。「再」，就是兩次的意思。上午的飯，在7點到9點之間吃，這個時間叫「食時」；下午的飯，在3點到5點之間吃，這個時間叫「晡（bū）時」。一日三餐的習慣，是後來慢慢形成的。直到今天，有些農村還保留着一天吃兩頓飯的古老習慣。

各位嘉賓，現在還早，先在廚房吃一頓「饔」。等下午，再去大殿吃一頓「飧」，那時周天子會親臨現場哦！
這位就是周天子的御用廚師：庖（páo）人。庖，就是廚房的意思，也指廚師。

主食

粟（sù），就是小米。古時亦有大米，不過都是在南方種植。水稻長出來的稻穀加工後就是大米，南方水多，才有條件種水稻。大約在八千年前，南方的原始部落就吃上大米了。但是在周朝統治的北方，小米還是最重要的主食。南方的稻，北方的粟，分別是南北人民最喜歡吃的主食。品種好的粟，還有個名字叫「粱」，所以「稻粱」也泛指所有的糧食。

周朝的春秋時期，農業技術有了發展。之前都靠人工用耜（sì）翻地，後來人們用牛拉犁翻地，小米的產量有了很大提升。

牛耕
晚上要吃大餐，早晨就吃點簡單的飯，先填飽肚子吧。這是粟。
那是甚麼呀，不能吃米飯和白麪饅頭嗎？

小麥是大約公元前 3000 年才從西亞傳進中國的，周朝雖然有小麥，卻還沒有麪食。因為把小麥變成麪粉，需要用石磨盤。但當時磨盤的技術不發達，所以上古的人們吃小麥，都是蒸成一粒粒的麥飯，所以也沒有饅頭。

沒有炸薯條

馬鈴薯是外來農作物，周朝時中國境內還沒有這種植物，因此也就無法製作以馬鈴薯為原料的食物。不僅如此，由於油是從動物脂肪或含油的植物（如豆子、菜籽）裏榨出來的。當時製油技術也不發達，油的產量很低。因此，油在古代是非常珍貴的東西，所以也少有油炸製品。在先秦，普通人吃東西只是蒸、煮，後來才慢慢出現了煎炒和油炸。所以，除了貴族的某些特殊食品，老百姓是不用油炸東西吃的。

伊尹

伊尹是商朝初年的政治家，據說他從小無父無母，被人放在庖（即廚房）裏養大，所以非常擅長烹調。當時夏朝最後一個君主夏桀（jié）十分殘暴，商族的首領商湯打算推翻他。伊尹想輔佐商湯，就揹着一口煮肉的鼎去見他，還給他做了可口的飯菜。商湯很感興趣，伊尹就從烹調的道理講到治國的道理。商湯就讓伊尹當謀臣，最終在伊尹的輔佐下，推翻了夏朝，建立了商朝。

黃粱夢

傳說唐代有一個讀書人叫盧生，在邯鄲客店裏遇到一個叫呂翁的道士。這時店主人正在蒸黃粱飯，兩人就聊起天來。盧生發愁自己為甚麼這麼窮，呂翁就拿出一個枕頭，對他說：「枕着這個枕頭，就可以萬事如意。」盧生頭一挨枕頭，就睡着了，夢裏享盡了榮華富貴。等他醒來，發現黃粱飯還沒熟，於是悟到了世間萬物都是虛幻的道理。後來就用「黃粱夢」比喻虛幻的事和不能實現的慾望。

滅此朝食

公元前 589 年，齊國和晉國在鞍地發生了一場大戰。開戰前齊頃公說：「余姑翦滅此而朝食。」意思是要消滅掉敵人之後再吃早飯。後來就用這個成語形容鬥志堅決，要立即消滅敵人。

膏粱子弟

富貴人家過慣享樂生活的子弟。膏，肥肉。粱，精良的小米，只有富貴人家才吃得起。

博物館

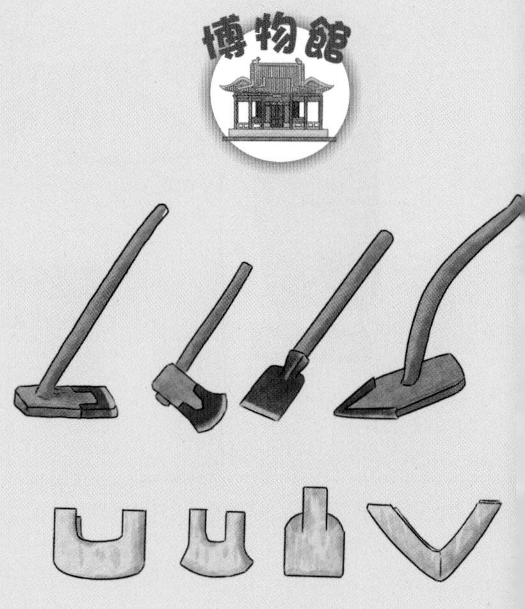

春秋時期的農具

天子專供食物

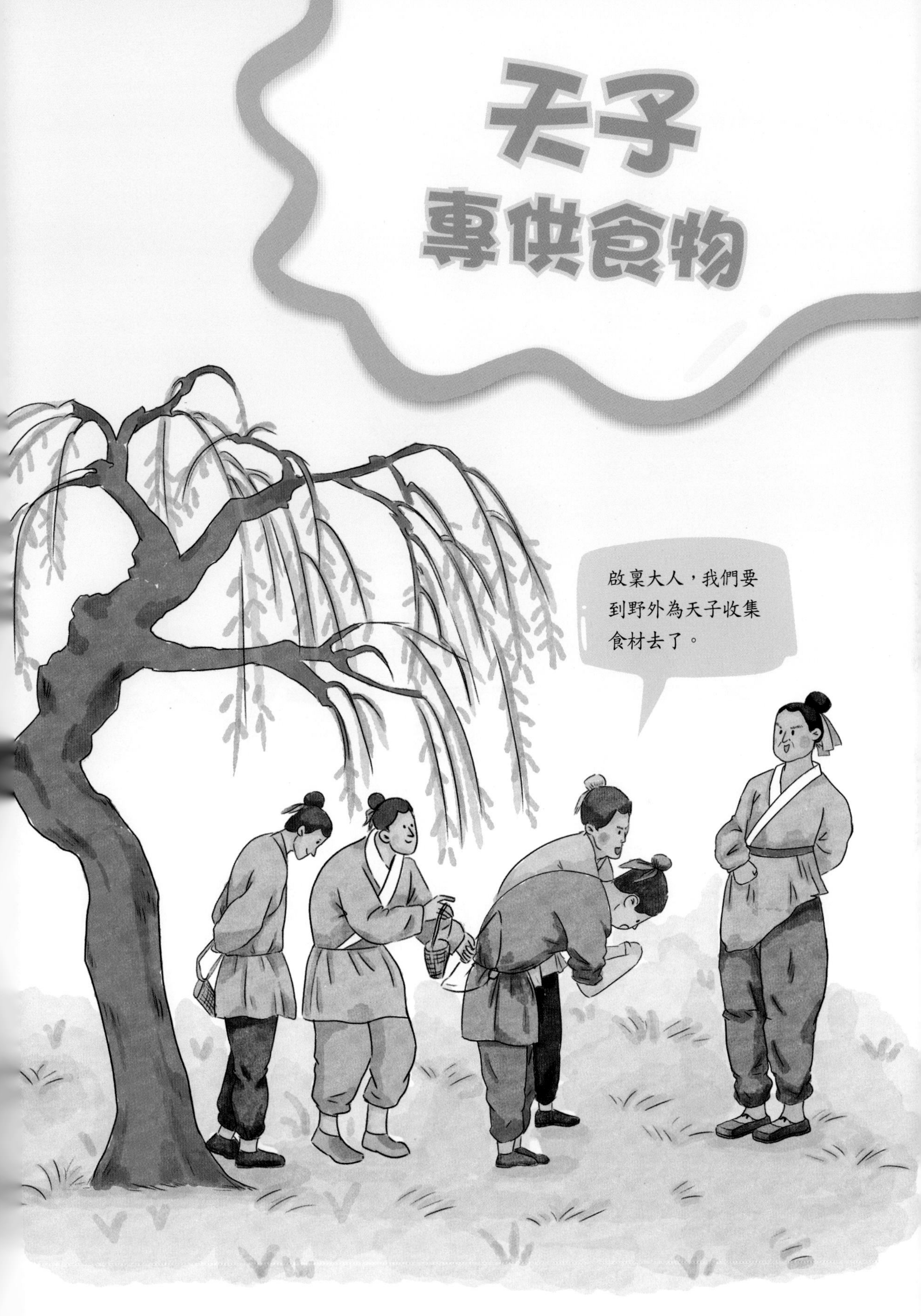

啟稟大人，我們要到野外為天子收集食材去了。

肉乾

脯（fǔ）就是肉乾。古人沒有冰箱，鮮肉一頓吃不完，時間長了就變質了。所以古人喜歡把大量的肉都晾成肉乾，特別是長途旅行的時候，一定要帶一些來充飢。現在的北方地區仍有製作肉乾的習慣，除此之外，也會將水果做成果肉乾，也就是「果脯」。

收集食材一去就是一整天，在野外可沒吃的，要帶上一些「脯」。

果脯

天子的黑暗料理

蝙蟻在先秦可是好東西。螞蟻的卵搗碎了，醃起來做成醬，叫「蚳（chí）醬」。因為食物匱乏，保鮮技術有限，古人很多食物在今日看來會覺得匪夷所思。還有「蝸醬」，就是用蝸牛、田螺之類做的醬。醬在古代還有個名字，叫「醢（hǎi）」。比如「蜱醢」，就是用蚌肉做的醬。當然，也有常見的「魚醢」，就是魚肉醬，「鹿醢」，就是鹿肉醬。還有兔醢、雁醢等。周天子專門養着一批人，每天就負責給他摸河蚌，抓蝸牛，挖螞蟻窩。

噓，這裏有一個大螞蟻窩，快來挖。
快來嚐嚐蚳醬！

湯是湯，水是水

在古代，「湯」就是熱水的意思。如果說「水」，指的是白開水。有個成語叫「赴湯蹈火」，意思是非常勇敢，即使是熱水、火焰這種滾燙的東西，也敢跳進去，並不是說跳到喝的湯裏去。

我們今日喝的湯在古代接近「羹」。羹是用肉、蔬菜、碎米粒、碎麥粒等放在一起煮，汁特別濃。不過古代的肉羹裏，肉往往是成大塊的，不用切碎。煮熟的羹和烤肉，都是古人常吃的食物。所以吃剩的飯，還叫「殘羹冷炙」。煮好後，如果不加調味料，叫「太羹」或「大羹」，但不是給人吃的，而是端到祖先神位前祭祖用的。加了調味料的叫「和羹」，就是調和之後的羹湯。除此之外，還有肉羹。

上古時期的調味料並沒有今日這麼豐富，味精、醬油一類的調味品都還沒有出現。一般用鹽和梅調味。鹽是鹹的，梅就是梅子，是酸的。先秦也有一種調味料叫「醯（xī）」，就是醋。

我剛才向庖人要了
一碗湯，為甚麼他
給了我一碗水啊？

魯迅

魯迅先生小時候在浙江紹興的三味書屋讀書。他寫過一篇文章《從百草園到三味書屋》回憶這段經歷。「三味」，意思是把讀書比成吃飯，讀詩書，味道像「太羹」；讀歷史，味道像折俎（zǔ，在切肉板上切好的肉）；讀諸子百家，味道像醯、醢。合起來叫三味。

桑下餓人

春秋時，晉國大臣趙盾在野外打獵，看到大樹下有個人，餓得奄奄一息，站不起來了。趙盾可憐他，就給他肉乾吃。這人接過肉乾，吃了一半，留下一半。趙盾問他為甚麼，他說：「我要留給老母親吃。」趙盾又給了他兩綑肉乾，讓他拿回家去。後來晉靈公埋伏人馬，要殺害趙盾，有一個人突然衝出來，揮舞着戟，拚命救下了趙盾。趙盾問他叫甚麼名字，他說：「我就是那個你給過我肉乾的人，現在來報恩。」說完就頭也不回地走了。

束脩

長條的「脯」，還有一個名字叫「脩」。打成綑的，用繩子束起來的肉乾，就叫「束脩」，一綑十根。孔子說：「只要送我十條綑好的乾肉，我就教他學習知識。」後來「束脩」也指送給老師的學費。

分一杯羹

秦朝滅亡後，劉邦和項羽爭奪天下。項羽把劉邦的父親劉太公抓去，揚言要用熱水煮了。劉邦卻說：「我倆曾經拜過兄弟，我父親就是你父親，你要是把你父親煮了，希望分給我一杯肉湯（幸分我一杯羹）。」項羽只好把劉太公放了。

陝西李村戰國墓出土的牛肉乾

戰國秦墓出土的狗骨頭湯

戰國銅壺紋飾：獵牛和射鳥

到處都是規矩的宴席

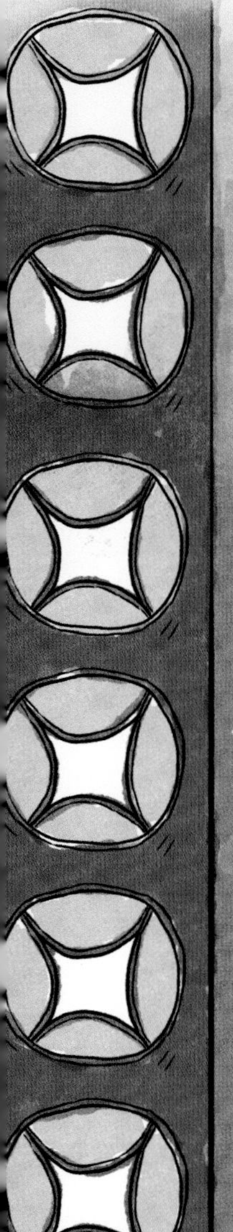

吃瓜的學問

「饋（kuì）」，就是給人食物的意思。後來送人東西也叫「饋」。甘瓜，就是哈密瓜。古代處處講等級，體現在生活的方方面面，就連飲食起居也不例外。這在當時，叫「禮法」，是用來維護社會秩序的。

各位試吃嘉賓，讓我們熱烈歡迎天子親臨現場，和我們一起享用宮廷大餐！
庖人，饋嘉賓以甘瓜！

上古時代，等級森嚴，即使吃一個瓜，也有非常嚴格的規定。給天子切瓜，先豎着切成四瓣，再橫切一刀，切成八瓣。然後蓋上細葛布，恭恭敬敬地端上去。蓋葛布是為了防止招蒼蠅、落灰塵。比天子低一等的是諸侯。給諸侯切瓜，橫豎各一刀，切成四瓣，蓋上粗葛布獻上去。比諸侯低一等的是卿、大夫。給卿、大夫切瓜，也是切四瓣，但上面不蓋東西。比卿、大夫低一等的是士，給士切瓜，就一刀兩瓣。比士再低的，就是平民百姓了。平民百姓不許切，直接拿在手裏啃。

天子：八瓣、蓋細葛布

諸侯：四瓣、蓋粗葛布

卿、大夫：四瓣

士：兩瓣

膾和炙

膾和炙，都是古代肉類的常見做法。「炙」就是烤肉的意思，「膾（kuài）」就是細切的魚肉。有一個成語叫「膾炙人口」，本來指人人喜愛魚、肉的美味，後來也比喻好的詩文或事跡被許多人稱讚。

膾

篆書「炙」

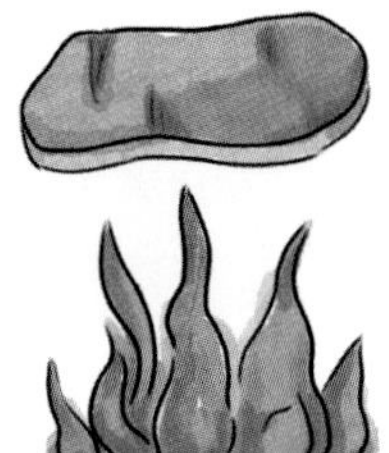

炙字下面是「火」，上面的像一塊肉。這個字的意思，就是把一塊肉放在火上烤。

烹和炮

先秦時期，人們會用「鼎」來製作食物，鼎的大小能放下一整頭牛，所以叫「牛鼎」。而將水注入鼎中來煮熟食物的方式，就叫做「烹」。烹，就是放在水裏煮熟的意思。水煮食物，也是非常古老的做法。所以今天做飯又叫「烹飪（rèn）」。烹和飪，意思都是煮熟。煮的時候還要調味道，所以做飯又叫「烹調」。

「炮（páo）」的做法是把動物的內臟掏空，肚裏放上佐料，外面裹上一層泥，放在火上烤熟。古代把小豬叫「豚」，所以用炮做出來的小豬叫「炮豚」，是周天子喜歡吃的八珍之一。今天叫化雞的做法，其實也是古老的「炮」。炮是很講技術的，所以後代把加工食物通稱為「炮」。中藥的加工也很講技術，所以加工中藥的過程就叫「炮製」。

淳熬：澆着肉醬的稻米飯

淳母：澆着肉醬的黍米飯

炮豚：烤乳豬

炮牂：烤羊

擣珍：燒裏脊

漬：酒糟肉

熬：五香肉乾

肝膋（liáo）：網油烤狗肝

這口大鍋和這些泥土是做甚麼的呀？

除了膾、炙、烹、炮之外，古時候肉類還有很多做法以及不同的稱呼。

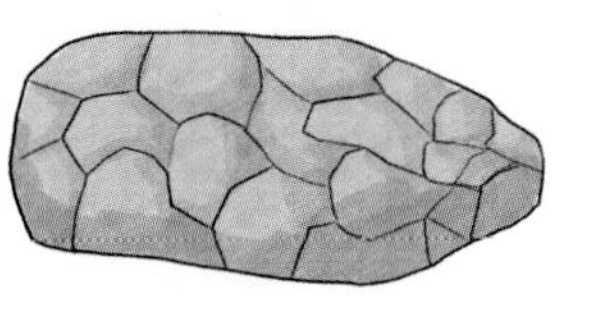

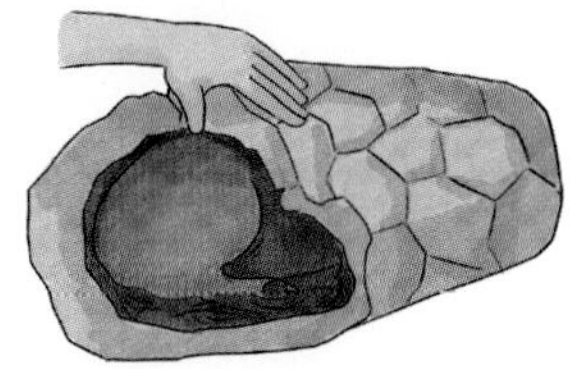

不是誰都能吃肉

在上古吃肉也是有嚴格規定的：牛肉、羊肉、豬肉，周天子平時可以隨便吃；諸侯平時吃牛肉；卿平時吃羊肉；大夫平時吃豬肉；士平時吃魚肉；老百姓平時只能吃菜，肉得碰上初一、十五，或重大節日才能吃。這是因為古時候的生產力沒那麼發達，養的牲口沒那麼多，所以就有這樣嚴格的規定。時間長了，就形成這樣一套「禮法」，優先保證地位高的人吃好的。所以過去把當官的或貴族叫「肉食者」，因為他們平時就吃得上肉。普通老百姓經常「食不兼（jiān）味」，意思是吃不上兩種以上的菜。「兼」，就是同時有兩個或以上的意思。但這種禮法也不是千年以來一直持續，秦漢之後，隨着物產漸漸豐富，就沒人理這一套了。

先秦思想家孟子認為：如果一個國君實行仁政，平民百姓到五十歲，就可以穿上綢緞衣服；到七十歲，就可以頓頓有肉吃。孟子覺得這就是最幸福的生活了。由此可見古代大部分時間，老百姓的生活並不是那麼美好。

漢代

美食拍賣會

歡迎來到漢代，我是張騫（qiān）。我正在主持一場美食拍賣會。
美食拍賣會
這麼厲害啊，我們要去拍賣會看看熱鬧！
這位張先生是甚麼人呀？
張騫先生是一位偉大的旅行家，他先後兩次出使西域，打開了中國與中亞、西亞、南亞，以及通往歐洲的陸路交通。

千里迢迢運來的瓜

青瓜原來是中亞地區的植物，後來隨着張騫出使西域，漢朝和西域交流越來越密切，青瓜就在西漢時傳入中國，漸漸成了最受歡迎的瓜類蔬菜。青瓜當時叫「胡瓜」，因為中原地區把西部、北部民族統稱為「胡」。由於早期青瓜屬「進口食品」，且數量稀少，所以在當時十分珍貴。

我出一根十兩的金條！

拍賣會正式開始！現在拍賣一號拍賣品，是一種西域美食——青瓜！

哇，為甚麼青瓜這麼珍貴，要一根金條啊？

顆顆如珍珠

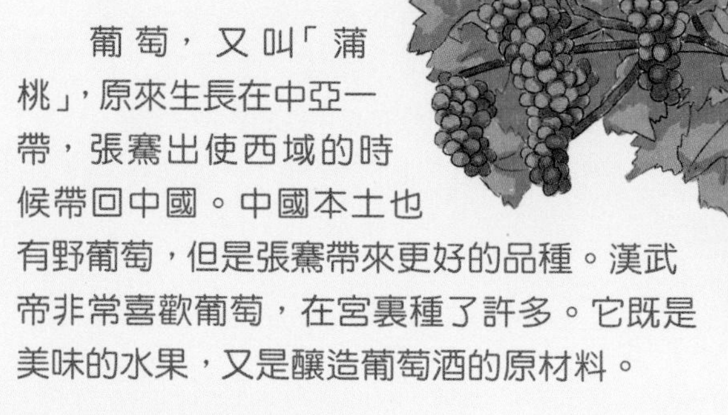

葡萄，又叫「蒲桃」，原來生長在中亞一帶，張騫出使西域的時候帶回中國。中國本土也有野葡萄，但是張騫帶來更好的品種。漢武帝非常喜歡葡萄，在宮裏種了許多。它既是美味的水果，又是釀造葡萄酒的原材料。

現在，開始拍賣第二號拍賣品，仍是西域美食——葡萄。

我出價一百顆珍珠！

又辛又辣

雖然在今天，大蒜已經是烹飪中稀鬆平常的佐料，但是最初，大蒜也是在漢代沿着絲綢之路從西亞傳進來的外來食物。其實許多我們今日常見的食材，例如芝麻、芫荽等，都是當時由外國傳過來的。

好辣！
大蒜也值得拍賣嗎？
現在是今天的最後一件拍賣品——大蒜！
蠶豆
芫荽
石榴
芝麻
核桃

張騫

漢朝經常被北方民族匈奴騷擾。漢武帝就想派人出使西域，聯合與匈奴有仇的國家，夾擊匈奴。當時任郎中（官名）的張騫主動應徵前往。公元 138 年，張騫帶着 100 多個勇士從長安出發，前往西域，但在路上被匈奴人捉住。被困十多年後，張騫才有機會逃出來，來到了西域的大宛、康居、月氏等地。後歷盡千辛萬苦，終於回到長安。後來，張騫再次出使西域，又和一些國家建立了交往。從此，漢朝和西域各國的友好交往一直不斷，中國的絲綢和絲織品，經過西域運到西亞，再轉運到歐洲。西域的物產，也源源不斷地輸入到中國來了。

夜郎自大

張騫除了出使西域外，還領導了幾支使團，出使西南地區，開闢去印度的新路線。但是沒有找到，反而發現了一些之前沒有聯繫過的小國。有一支使團來到夜郎國。夜郎國很偏僻，不知道漢朝有多強大，夜郎國的國君就問使者：「夜郎和漢朝，哪個更大一些？」後來就出現了「夜郎自大」的成語，意思是自高自大，不知道外面比自己強的人有多少。

葡萄美酒夜光杯

這是唐代王翰《涼州詞》中的詩句，全詩是：「葡萄美酒夜光杯，欲飲琵琶馬上催。醉臥沙場君莫笑，古來征戰幾人回。」意思是說正用夜光杯喝着葡萄酒，耳邊響起了琵琶聲，催人上戰場（另一種說法是急促的琵琶聲助興催飲）。即使醉倒在戰場上又何妨？此次出征為國效力，本來就沒有準備活着回來。

如果沒有引入大蒜，炒菜的時候我們可以用甚麼代替？

消失的食物

還是甚麼都沒有

茄子，原產於印度，公元 4—5 世紀（五胡十六國）時傳入中國，隋煬帝就對它特別偏愛，還欽命為「崑崙紫瓜」。

馬鈴薯，又稱土豆、洋芋，原產南美洲安第斯山一帶，17 世紀時（明末）傳入中國。

青椒，由原產中南美洲熱帶地區的辣椒在北美演化而成，是在明代的時候傳入到中國的，也就是 16 世紀末的時候。

番茄，別名西紅柿，原產於中美洲和南美洲，是西洋傳教士在明萬曆年間傳入中國，到晚清光緒年間時，才作為食物食用。

西蘭花，原產於地中海東部海岸，約在 19 世紀初（清光緒年間）傳入中國。

胡蘿蔔，原產於亞洲西南部阿富汗及鄰近國家，在 13 世紀（元代）時從波斯傳入中國雲南地區。

這些食物都是漢代之後傳入中國的。

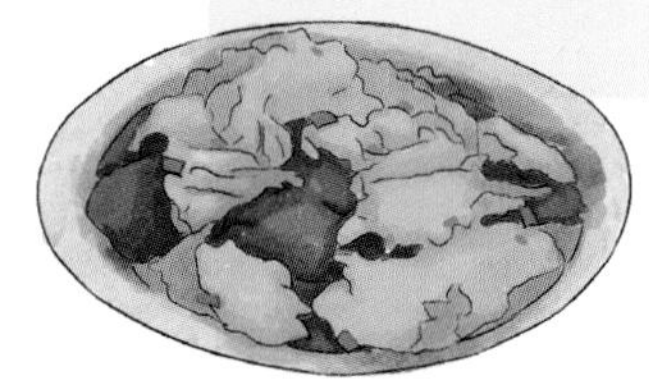

拍賣會結束了，你們還想吃點甚麼？

我要吃番茄炒蛋，還有一份西蘭花炒胡蘿蔔。

我要吃魚香茄子！

這些都是甚麼啊？我從來沒有聽過。

葵不是向日葵

葵，在古代是一種重要的蔬菜，有「百菜之主」的稱號。《長歌行》:「青青園中葵，朝露待日晞」中所寫的「葵」就是這種蔬菜。但是，後代的人們漸漸不吃這種東西，也沒人專門種植，葵就成了普通野菜。不過也有人喜歡嚐個鮮，去野外採摘，今天叫「冬葵」。

我們今天所說的向日葵是明代才從美洲引進中國的，到現在才四百多年。它和古代的葵菜完完全全是兩種植物。而且向日葵引進之後，各地的名字還不一樣。比如有的地方叫它「望日蓮」，有的地方叫它「丈菊」。葵菜的葉子也是喜歡朝着太陽生長的，和向日葵朝着太陽轉動差不多，所以就把葵的名字放在這種新植物身上了。

這樣吧，我請你們吃
一些我們這裏人常吃
的美食，估計你們也
沒見過呢！

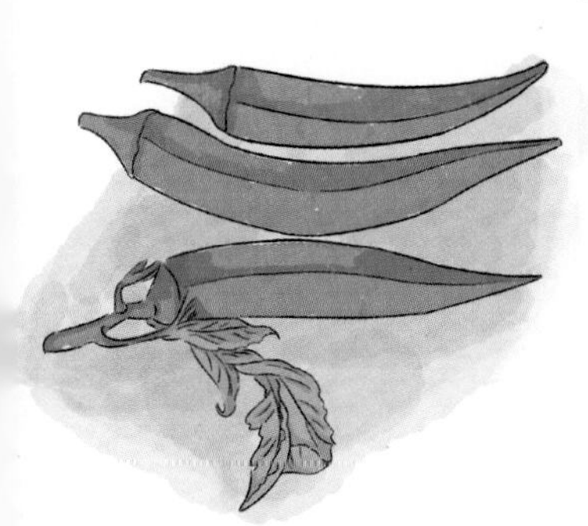

荇菜和藜藿

荇菜，是一種水生植物，今天的人已經不再食用它。但是在農作物稀少的古代，荇菜是飯桌上常見的一種美食。《詩經》的第一首《關雎》就說到「參差荇菜，左右採之」。描繪的是一個少女在河裏採參差交錯的荇菜，一個年輕男子喜歡她，就彈琴給她聽，希望能得到她的芳心。

藜

藜（lí），是一種野菜，葉子很大，嫩的時候可以吃，莖部乾了可以做手杖。藿（huò），就是豆類的葉子，比如大豆、紅豆的葉子。在古代，藜、藿都是窮人吃的。窮人沒辦法天天吃肉，甚至新鮮蔬菜也不多，一碗藜藿之羹就能一年吃到頭。

鮑魚

古代說的鮑魚，和今天說的鮑魚是兩回事。今天說的鮑魚，其實不是魚，而是一種貝類。古代的「鮑」，是用鹽醃魚的意思。這種魚醃的時間長了，會有一種腥臭味。但是臭中有香。今天徽州的名菜「臭鱖魚」，聞起來臭，吃起來香，也是古代「鮑魚」的做法。

現在給各位上點肉菜，首先是第一道——鮑魚。
咦？這不是我見過的鮑魚啊，好難聞。

狗肉和雞黍

很多現代人把狗當成寵物，狗肉已經不是一種食物了。其實古人是經常吃狗肉的。像漢朝的開國元勛，漢高祖劉邦的大將樊噲，他年輕的時候就是殺狗、賣狗肉的。那時候狗肉和豬肉一樣，是一種常見肉食。

雞黍（shǔ），雞就是燉雞，黍就是黍子，是一種有黏性的米。古人招待客人，經常殺雞做黍米飯。因為準備客人的飯，臨時殺豬宰羊都來不及。最方便的是雞，一隻正好夠一頓飯，又快又香。黍米又甜又軟，合起來就叫「雞黍」。這就是普通人家的美味了。

如果受不了鮑魚
的氣味，那來嚐
一嚐狗肉吧！

張大人，現代人已經不
吃狗肉了，不如我們換
成雞黍吧。

秦始皇和鮑魚

公元前 210 年，秦始皇在出巡的路上去世。大臣趙高、李斯害怕宣佈消息後引起動亂，決定秘不發喪，車隊裝作若無其事的樣子繼續行進。但當時天氣熱，裝遺體的車子發出陣陣臭味。趙高怕走漏消息，就叫人買了幾十筐鮑魚，裝在前前後後的車上，掩蓋遺體的味道。等回到咸陽，才將秦始皇去世的消息公佈天下。

鮑魚之肆

指賣鮑魚的商店，這種店舖往往有腥臭的氣味，也用來比喻不好的環境。肆，是商店的意思。此句出自「與善人交，如入芝蘭之室，久而不聞其香；與惡人交，如入鮑魚之肆，久而不聞其臭」。意思是說，和君子交往，就像進了種着蘭花香草的屋子一樣，時間長了就不覺得香，因為已經習慣了這種香氣；和壞人交往，就像進了賣鮑魚的商店一樣，時間長了也不覺得臭，因為也已經習慣這種臭味了。

漢畫像磚的灶台

山東出土東漢庖廚畫像石

技術的革新
感謝您的美食招待，我們都吃飽了。
各位都吃完了，那就到我府裏走一走，看一看吧！

愛做實驗的王爺

淮南王劉安喜歡把各種藥物摻和在一起，煉製長生不老的丹藥。雖然丹藥最終沒有煉製成功，但過程中卻有很多意外發現，比如豆腐的製作。因此，他的煉丹活動也算是對自然界的探索，是中國比較早期的科學實驗。

給各位介紹一下，這位就是大名鼎鼎的淮南王劉安。

各位好，我正在做實驗，要不要一起來看看？

看，本王給你們變
一個魔術：把黃
豆磨成豆漿。

磨豆

點滷

豆腐

豆腐是一種由淮南王劉安發明的美食。首先把黃豆磨成豆漿，再在上面點一些滷水，豆腐就逐漸成型了。這是因為這種滷水裏面的化學成分能夠讓豆漿裏的蛋白質凝聚。淮南王成天嘗試混合各種藥物，無意中發現滷水可以讓蛋白質凝固的化學原理。

地下採鹽

無論古代還是今天，鹽一直是重要的調味料，是所有人一日三餐必須吃的。但是鹽這東西不是甚麼地方都有。住在海邊的人，可以用海水煮鹽，這就是海鹽。另外，有的不靠海的地方有鹽池，就是含鹽多的大湖，出產的鹽叫湖鹽。有些山裏的地下水也含鹽。

鹽是生活必需品。誰能製鹽、賣鹽，誰就一定能發財。所以在漢代，有一大批靠做鹽的生意發家的富商。後來國家覺得這個產業利益太大，就把鹽業收到官府手裏去了。

製作豆腐的滷水，實際上是用鹽製造出來的。把含鹽的海水、湖水、井水放在鍋裏煮，水漸漸煮乾，熬出來的就是「鹽滷」。

漢代的鹽井技術很高明，可以打到幾十丈深，差不多是今天的一百多米。採鹽人在井的四壁搭好木架，井口安上滑輪，然後下井採鹽。鹽水用吊桶盛着，通過滑輪上上下下。

其他調味料

除了鹽之外，漢代還有一些其他的調味料，例如花椒、薑，還有豆豉（chǐ）。其中，豆豉是一種豆製食品。一般是把黃豆或黑豆泡透、蒸熟或煮熟後，發酵製成的，漢代開始，人們就非常喜歡用豆豉做菜了。

花椒

豆豉

薑

劉安

劉安是漢高祖劉邦的孫子，漢文帝十六年（公元前 164 年）被封為淮南王。劉安喜歡讀書，結交學者和精通方術之士。劉安和這些人編寫了《淮南子》，內容涉及政治、哲學、史學、文學、物理、化學、天文、地理、農業水利、醫學養生等許多領域，是漢代的一部百科全書。劉安還喜歡煉丹，著有《淮南萬畢術》，其中雖然有許多封建迷信，但也有對自然科學的探索。

一人得道，雞犬升天

淮南王劉安喜歡煉仙丹，傳說他煉成丹藥，全家人吃下，都飛上了天宮。他院子裏的雞和狗吃了殘留在碗盆裏的仙藥，也成了仙，飛到空中。人們在地上還能聽見空中雞鳴狗叫的聲音。後來這個成語比喻一個人得勢，他的親戚、朋友、下屬，也都跟着他得到了好處，多含有諷刺的意思。

滷水點豆腐，一物降一物

豆漿碰上滷水，就會凝固，別的液體都不行。這句俗語的意思是說一種事物必有另外一種事物來克制它。

白鹿飲泉

重慶巫溪縣有一口鹽井，古稱「寶山鹽泉」。傳說原來這裏有一個山洞，有獵人經常看見一頭白鹿在洞裏進進出出。獵人感到很奇怪，就追了上去。白鹿跑進洞裏，就突然消失了。原地出現了一股泉水，獵人捧起水來嚐了嚐，發現是鹹的，叫工匠來探測，發現這裏有一個巨大的鹽礦。當地人認為這是山神化身為白鹿，告訴人們鹽礦的位置。也有人認為鹿本來就有尋找含鹽水源的本能，牠經常出沒的地方有鹽礦存在是很有可能的。

魏晉南北朝

美食達人爭奪賽

我宣佈，美食達人爭奪賽正式開始，現在請各位按朝代介紹自己的美食故事！
我先來！我是魏武帝曹操，魏國的創立者。我要介紹的美食是「一合酥」。

一人一口酥

「一合酥」的意思非常簡單，「酥」是「酥酪」，就是我們常吃的芝士。「盒」古代寫成「合」。一盒酥，就是一盒芝士的意思。魏晉時期，中原和北方民族交流很多。北方民族喜歡吃奶製品，所以牛羊奶做的芝士就傳到了中原。當時這東西達官貴人也不容易吃到，所以曹操才覺得很珍貴。

傳說，當時有人送給曹操一個大盒子，裏面是酥酪。曹操就在盒蓋上寫了三個字「一合酥」。曹操手下有個叫楊修的文官，有點小聰明，他看到盒蓋上的字就拿小勺子，和別人一人一口，分着吃了。曹操問他：「你怎麼敢動我的芝士？」楊修說：「您看，您寫的不是『一人一口酥』嗎？我怎敢違背您的命令呢？」

八百里駮

西晉有很多大富豪，其中一個叫王愷（kǎi）。王愷養着一頭有名的牛，叫「八百里駮」，那頭牛膘肥體壯，牛角和蹄子閃閃發亮，跑得飛快無比。有一天，王濟對王愷說：「我倆比賽射箭怎麼樣？就拿你這頭牛做賭注。如果我贏了，你的牛給我。我輸了，就賠給你一千萬錢。」王愷答應了，就讓王濟先射。王濟一箭就射中了目標，哈哈大笑，對隨從說：「這牛現在是我的了！我甚麼都不要，只要把牛心烤了吃！」隨從就把牛殺了，把牛心挖出來，烤好了送來。王濟只吃了一片就走了。

西晉的達官貴人生活奢侈，有很多富豪喜歡互相鬥富。像這種打個賭就殺一頭牛的事，都不算新鮮了，反而顯得有氣魄。不過，烤牛心在魏晉時期，確實是一道好菜，當時叫「牛心炙」，很多有錢人都喜歡吃。

大家好，我是西晉富豪王濟。和我有關的一道美食是「八百里駮牛心炙」。

蒓鱸之思

吳中，就是今天的江蘇蘇州。而洛陽在今天的河南。一個南方，一個北方，相距一千多里。菰，是一種水生植物，又叫「雕胡」，產一種類似大米的穀粒。在古代的南方水鄉，是一種很重要的主食。今天我們還吃一種從菰變來的食物，就是茭白。蒓菜也是一種水生植物，它初生的嫩葉最好吃，可以做湯。別的魚都是兩個腮，但有一種鱸魚有四個腮，也是水鄉的特產，味道特別鮮美。

大家好，我是西晉文學家張翰。我在洛陽做官，老家在吳中。我今天帶來的是菰米飯、蒓菜羹、鱸魚膾。

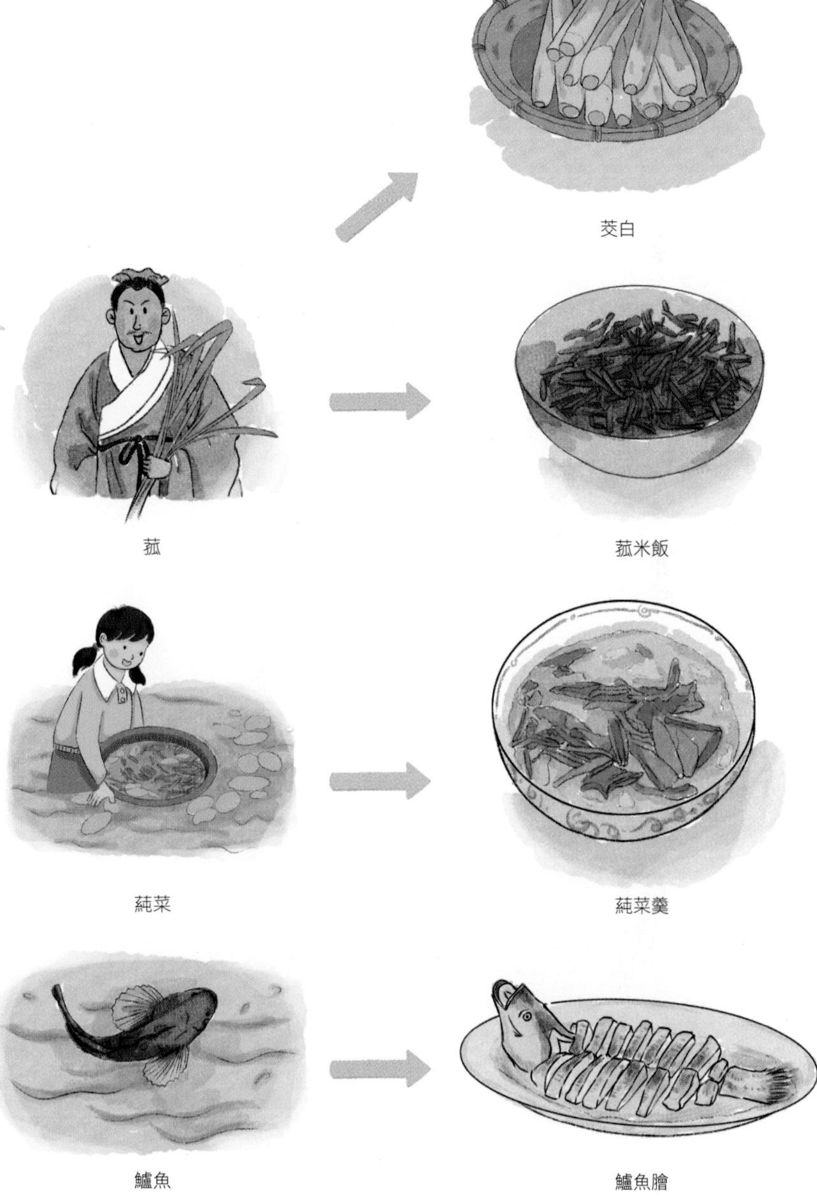

據說有一年秋風到來的時候，張翰就想起家鄉吳中的菰米飯、莼菜做的湯和細切的鱸魚肉。歎了口氣說：「長年累月在這裏做官，忙的是甚麼呢？人生在世，圖的可不就是隨心所欲嗎？千里迢迢背井離鄉，有甚麼意思呢？我要回家，吃好吃的去。」於是他立即辭了官不做，叫了一輛車子就回去了。張翰走後，洛陽很快就鬧起了動亂，眾人廝殺，血流成河。人們都說張翰有先見之明，於是將這件事當作一個典故，叫「莼鱸之思」。

長年累月在這裏做官，忙的是甚麼呢？人生在世，圖的可不就是隨心所欲嗎？千里迢迢背井離鄉，有甚麼意思呢？我要回家，吃好吃的去。

一塊豬頸肉

東晉初立之時天下大亂，司馬睿即位初期，達官貴人也很難吃到肉，能有豬肉吃就很難得了。為了表示對皇帝的忠心，臣子們每得到一頭豬，就把豬脖子上的肉割下一塊來，獻給皇帝。因為這塊肉特別肥美，只有皇帝才有資格吃，別人都不敢私自享用。

這塊肉，人們就叫它「禁臠（luán）」。「禁」指皇帝，因為皇帝住的地方嚴禁別人進入。「臠」是切成塊的肉。後來就用「禁臠」比喻一個人專享的、不許別人碰的東西。

禁臠獻給皇帝。

朕是東晉元帝司馬睿，是東晉的創立者，參賽美食是一塊烤豬頸肉。

一天兩頓飯

南方和北方的飲食有很大差異，自古就是如此。北方吃牛羊肉，吃芝士等奶製品。南方人愛吃魚，主食和蔬菜也多是水生植物。今天南北方飲食習慣的差異，在魏晉時期就很明顯了。當時管海鮮魚類叫「鮭（xié）珍」，有些要跑到交廣去買，就是今天的廣州，甚至是越南。

曹操呢，把「一合酥」事件算成楊修的一條罪狀，竟然還因此把楊修殺了。晉元帝陛下呢，禁臠雖然好吃，但不肯和人分享。
我認為，王濟把活生生的牛直接殺了取心，鬥富又鬥氣，體現的是西晉貴族奢侈的風氣，不是很好。
唯有張翰先生的蒓鱸之思，展現了他的先見之明和超脫高雅的風度，所以我們一致推舉張翰先生為魏晉時期的美食達人。
感謝各位厚愛。我所推薦的都是我們江南的特產。我當初做官的洛陽在北方，天天都吃羊肉、芝士，我可吃不習慣啊。

醍醐（tí hú）灌頂

印度佛教經常用醍醐澆人的頭頂，比喻以智慧灌輸於人，使人徹悟。後來指經人點撥，明白了一個深奧的道理。醍醐，是從酥酪中提煉出的油。

張翰回老家，到底是真的想念家鄉的美食呢，還是預感到中原要發生動亂呢？

八百里分麾下炙

這是宋代詞人辛棄疾《破陣子·為陳同甫賦壯詞以寄之》中的名句。其中兩句是「八百里分麾下炙，五十弦翻塞外聲」，意思是說，把八百里駁這樣上好的烤牛肉分給部下，軍中的樂隊演奏激昂的塞外歌曲。麾（huī）下，大旗下，指部下。麾是軍中大旗的意思。五十弦，古代的樂器「瑟（sè）」有五十根弦，這裏泛指樂器。

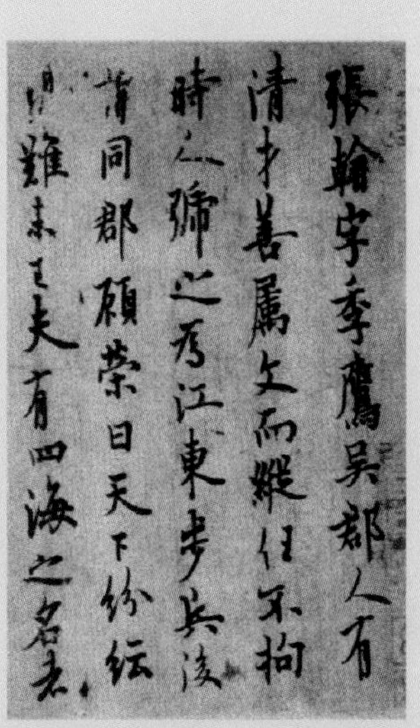

唐代書法家歐陽詢《張翰思鱸帖》

三國時期剖魚陶俑

水磨和麪條

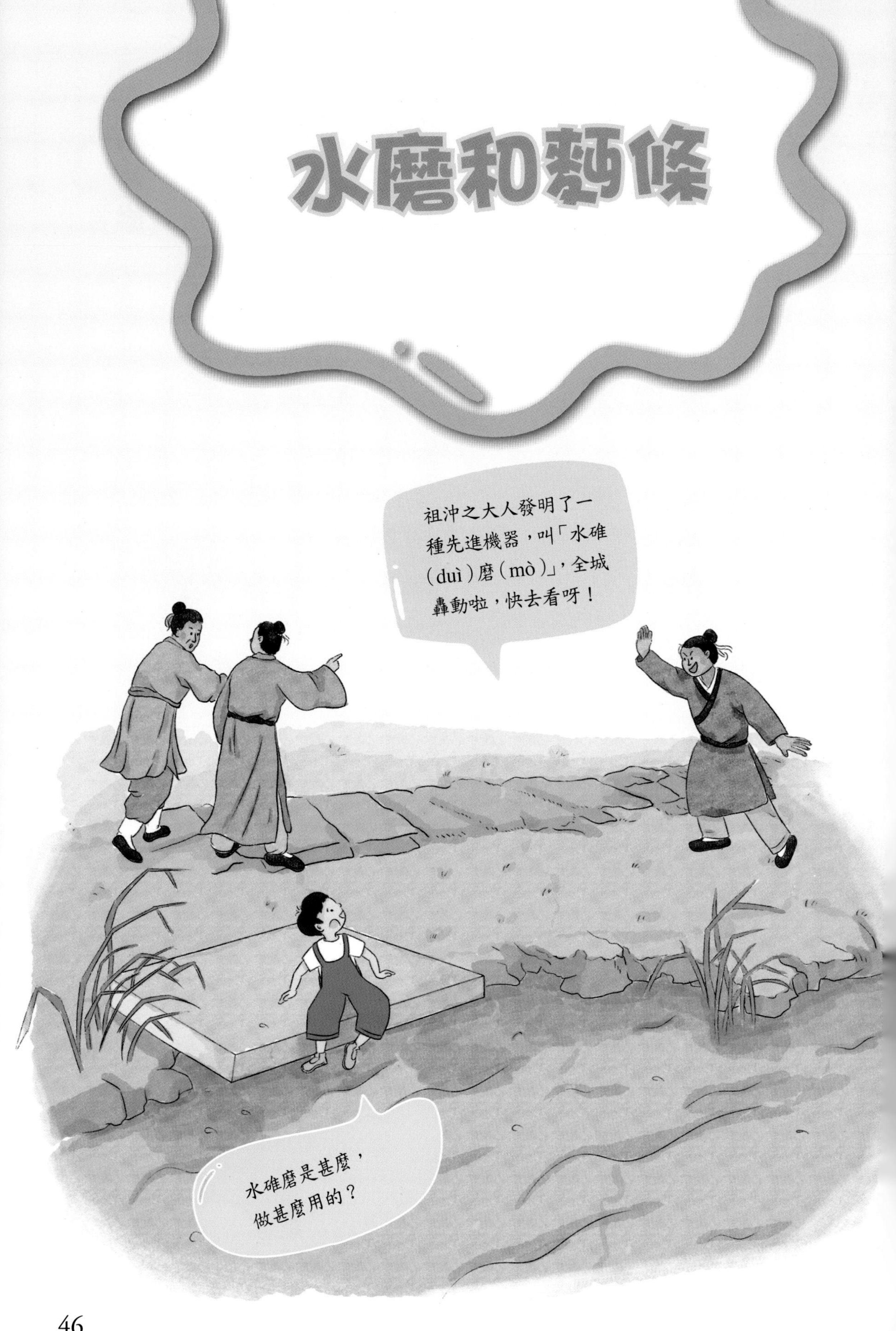
祖沖之大人發明了一種先進機器，叫「水碓(duì)磨(mò)」，全城轟動啦，快去看呀！
水碓磨是甚麼，做甚麼用的？

舂米和磨麪

碓是舂(chōng)米用的，磨是磨麪用的。「水碓磨」是靠水力轉動的，既可以舂米，也可以磨麪。水稻剛打下來的時候，是帶殼的，需要用棍子搗。搗米的工作叫「舂」。

科技不發達的時候，舂米只能靠人力。把稻子放在一口石頭缸裏，人抱着一根大木頭，一下一下地把稻殼砸下來，這樣才能得到大米。這根棍子叫「杵 (chǔ)」，盛米的石頭缸叫「臼 (jiù)」。這工作是非常辛苦的。後來人們用柱子架起一根木棍，一頭裝上石頭，用腳踩另一頭，石頭就會一起一落地向下砸稻子，這就叫「碓」。

早期人們把帶殼的食物磨碎，是用一種石碾 (niǎn) 盤。早期的碾盤是長形的，上面配一根石磨棒。一次磨的東西很少，而且很慢。

大概在漢代，出現了能旋轉的石磨，是由上下兩塊圓形的磨盤合在一起組成的，可以旋轉。這種磨盤上面有一條條的溝槽，叫磨齒。糧食從上面一層的孔裏倒進去，這些磨齒就像牙齒一樣把糧食碾碎，然後順着槽流下去。有了這種轉磨，漢代人就能把小麥磨成麪粉了。

靠水力推動

祖沖之是南北朝時期的一位大科學家。水碓磨是他發明的一種先進機器，是靠水力推動碓、磨。之前無論是腳踩的碓，還是手推的磨，還是靠人的力量，太費力了。後來人們就用牲口幫忙，但牲口也需要人來趕。魏晉時期，水碓和水磨普及起來。水碓、水磨一般建在河流上，靠水流的力量推動轉輪，然後轉輪帶動碓或磨工作。這樣，只要水在流，就可以日夜不停地自動舂米、磨麪，再也不需要費人力了。

祖沖之造的水碓磨，是建立在對前輩發明的改進上。兩百年前，西晉著名的大臣杜預，就製造了一種磨，叫「連機八磨」，是用牛拉着轉的，一次可以轉動八台石磨。民間工匠也製造了很多水碓和水磨。祖沖之用了很長時間學習研究這些經驗。這次改進，把碓和磨結合起來，更加精巧了。既可以舂米，也可以磨麪，還可以加工別的東西，比如搗碎礦石，顏料，造紙用的樹皮。

麪條就是餅

「餅」字裏，有一個「並」，就是水和麪合併的意思。所以古代說的「餅」，比今天的餅所指範圍廣。今天的「餅」，專指薄薄的、扁扁的麪食。但在古代，只要是水、麪調和的麪食，都可以叫「餅」，可以是烤的，也可以是蒸的、煮的。形狀也多種多樣，既可以像今天的燒餅，叫「烤餅」，也可以像今天的饅頭，叫「蒸餅」。這種麪條，因為是用開水煮的，就叫「湯餅」。

餅
麪粉磨好了，我叫人給你們做了三份餅，你們快嚐一嚐吧。
餅？這不是一碗麪條嗎？

杜預

杜預，字元凱，魏晉時期軍事家、學者。他做過鎮南大將軍，鎮守荊州。晉武帝司馬炎攻滅東吳時，他是重要的統帥之一。他也是一位知名學者，對法律和經典名著《左傳》很有研究。因為他學識淵博，能力出眾，人稱「杜武庫」，意思是他的本領像兵器庫一樣，應有盡有。

何曾

西晉的大臣何曾，位高權重，生活十分奢侈。他喜歡讓廚師製作各種美食，而且喜歡吃蒸餅。蒸餅上如果不裂成十字，他就不吃。所以這種蒸餅，相當於今天的「開花饅頭」，而不是扁扁的、薄薄的餅。何曾每頓飯，都要花費萬錢以上，即便如此，還經常說「沒有下筷子的地方」，意思是沒甚麼可吃的。

成語典故

指山說磨

指着一座山上的石頭，說有石磨要賣。比喻說空話哄人。

親操井臼

親自到井裏打水，親自用杵臼舂米。指親自料理家務。

甘肅嘉峪關出土揉麪彩繪磚局部紋樣圖

齊民要術

快看，賈先生正在寫一部科學著作《齊民要術》。
祖沖之先生說他沒時間做我們的南北朝時期的美食達人。
但他推薦了一位北方美食大師，賈思勰(xié)。

北魏的晚餐

賈思勰先生是北魏著名的農業學家，他的《齊民要術》總結了秦漢以來黃河流域的農業科學技術知識，包括耕田、穀物、蔬菜、果木、畜牧、釀造、飲食等許多方面，是中國現存最早的、最完整的大型農業百科全書。

我就是賈思勰，歡迎大家遠道而來，先請大家品嚐一下我們的胡炮肉和魚鮓吧！

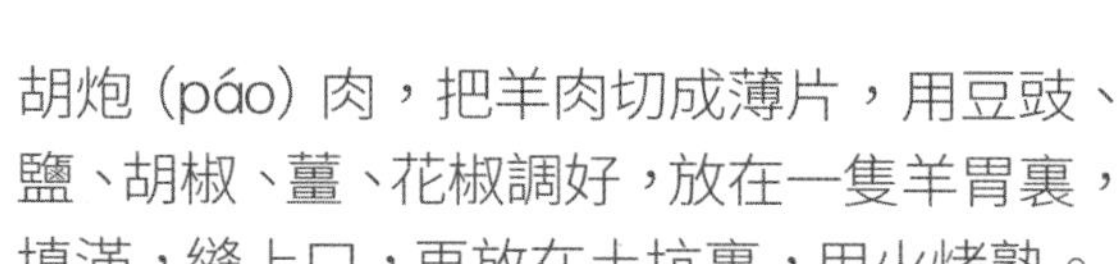

胡炮（páo）肉，把羊肉切成薄片，用豆豉、鹽、胡椒、薑、花椒調好，放在一隻羊胃裏，填滿，縫上口，再放在土坑裏，用火烤熟。

魚鮓（zhǎ），就是把鯉魚洗乾淨，切片，用重物壓去水，鋪好一層，上面壓一層米飯，一層鹽，這樣一層一層醃起來，過兩三天就可以吃。魏晉南北朝的人都喜歡吃魚鮓，又方便，又好吃，還能長期保存。日本的壽司，其實就是從「魚鮓」改良去的。

魚鮓

怎麼造酒

酒不僅是宴會上喝的飲料，也是一種調味料。比如今天燉肉炒菜時用的一種去腥、調味的酒，叫料酒。酒是用糧食釀造的。人們喜歡喝酒，是因為裏面含有酒精。各種糧食，例如米、麥子、高粱等，都含有大量的澱粉。澱粉可以通過一種叫酒麴的東西變成酒精。酒麴不是普通的小餅子，而是一種菌，其實和食物放久了長的霉差不多。把糧食蒸煮後，放上酒麴，就能把澱粉變成酒精。當然，這只是原理，釀酒是非常複雜的技術。賈思勰在《齊民要術》裏，全面總結了古代造酒的方法。

接下來這道菜是用酒做成的鴨臛，請各位品嚐。

鴨臛（huò），就是用酒燉過的鴨子。

是一塊小餅乾啊？

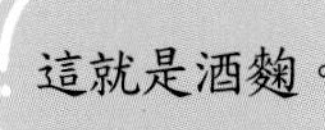

新品種甜梨

嫁接可以融合兩種植物的優點，比如早結果、抗寒、抗旱等，藉此培育出新的品種。比如賈思勰培育的大梨，就是把梨樹枝砍下來，接到另一種名叫「棠梨」的樹上去。這樣結出來的梨子，果肉細膩，又大又甜。

最後一道菜，是我用「嫁接」技術種出來的大梨。

太甜了！怎麼會這麼好吃？

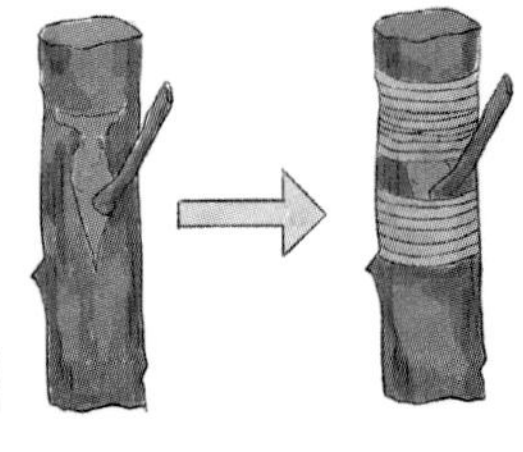

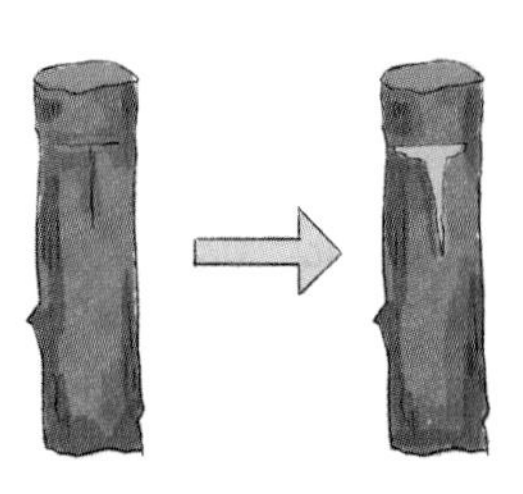

嫁接，就是把一棵植物的枝或芽，接到另一株植物的莖或根上，讓它們長在一起。

陶侃之母

陶侃是東晉名將，年輕時曾經當過管理漁業的小官。他很孝順，有一次，他藉工作的職權，派人把一罈鮓送給母親。母親聽說這是官府的，就很生氣，讓來人把這罈鮓送還，並且給陶侃寫了封信，說：「你身為管理漁業的官員，把官府的魚送給我。這樣做不僅沒有好處，反而增添我的憂愁啊！」陶侃知道了錯誤，趕緊向母親謝罪。

酒酸不售

傳說宋國有個賣酒的人，他家賣的酒很好喝，對顧客態度也很好，酒幌子也掛得高。然而就是酒賣不出去，釀的酒都發酸了。他弄不明白是甚麼原因，就去請教別人。那人說：「你家的酒雖然好，但你家的狗太兇猛，人們拿着錢、提着酒壺來買酒。你家的狗就撲上來咬，那誰還敢來呀？」原比喻奸臣阻攔了有學問、有賢德的人為國家效力，使國君受到蒙蔽。後比喻經營無方或用人不當。

造酒忘米

有個人向造酒的商家請教釀酒的方法。酒家對他說：「一斗米，加上一兩酒麴，再加上兩斗水，等七天後，就變成酒了。」這個人回到家就開始按照方法造酒。沒想到他很健忘，只用了兩斗水和一兩酒麴摻在一起。等七天後一嚐，味道還是與水差不多。他就去責備酒家，認為人家不教他真的釀酒方法。酒家說：「你怎麼釀的酒呢？」這個人說：「我按你說的做了呀，用了兩斗水，一兩酒麴。」酒家問：「米呢？」他低下頭想了想說：「我忘記放了！」這個故事後來就用來諷刺做事不懂得抓住本質、學習不懂得打基礎的人。

唐宋

吃遍長安城

大唐盛世繁華，我覺得，應該先去長安的「西市」看看。西市是長安的大市場，世界各地的商人都在這裏做買賣。
西市都賣些甚麼好吃的呢？

繁華的西市

唐代的長安非常繁華與開放，有很多賣西域美食的飯店。唐人習慣統稱這些外來民族的人為「胡人」，女孩子就被稱為「胡姬（jī）」。這些飯店中往往有胡姬在賣酒賣菜，因而被稱為「胡姬當壚（lú）」。「壚」，就是飯店裏放酒缸的土台子。

除了西域餐廳之外，市集上還能看到一些西域來的美食，比如胡餅、千金菜和菠薐菜。胡餅又叫胡麻餅，是蘸了芝麻烤的，與今天的芝麻燒餅差不多。千金菜，就是今天的萵筍。萵筍又叫萵苣，唐朝時萵苣剛從西亞引進不久。唐朝之前是隋朝，隋朝時，有外國使者來到中華，帶來了萵苣的種子。當時有人為了買下這顆種子，花的錢不計其數，所以叫「千金菜」。菠薐（léng）菜，就是今天的菠菜，在唐朝還不是很常見。它是唐朝初年泥婆羅國使臣來中國時，獻給唐太宗李世民的貢品。泥婆羅國，就是今天的尼泊爾。

賣胡餅啦！
剛出爐的
胡餅！
菠薐菜！
皇上吃過的進口菠薐菜，
上過國宴的哦！

飲中八仙

飲中八仙，是唐代的八位名人：大詩人李白、賀知章，大書法家張旭，美少年崔宗之，左丞相李適之，汝陽王李璡（jìn），還有兩位文人蘇晉、焦遂，關於他們的趣聞軼事非常多。

傳說張旭喝多了之後喜歡寫書法，甚至有時用毛筆都不過癮，索性把頭髮解下來，蘸着墨寫字，一幅狂草大字一氣呵成。

李白也寫了很多關於酒的詩，例如「金樽清酒斗十千，玉盤珍饈直萬錢！」古代的酒，分「清酒」和「濁酒」。清酒是過濾後的好酒，味道純正。濁酒裏面含有很多雜質，比較混濁，酒味也不好，一般是鄉村酒店在賣，或農民自家釀的。「饈」，在這裏的意思是美味的食物。「斗十千」，是說這酒很貴重，一斗就要賣十千錢，也就是一萬錢。李白是說：他用金杯喝着高價的好酒，玉盤裏盛着貴重的美味。

張旭

比魚生片還鮮

唐朝的「切膾」非常有特色，要把生魚切成細絲，這特別考驗廚師的刀工。切出來的魚肉要像紙一樣薄，像頭髮絲一樣細。然後配上切碎的蔥、橙汁、芥末、蒜泥，吃起來滑溜鮮爽。李白曾經作詩「呼兒拂几霜刃揮，紅肌花落白雪霏。」意思是說：喊來童兒，拂淨几案，揮動白光閃閃的刀。紅紅的肥魚肉好像片片落花，白色的肉好像漫天飛雪。

歡迎三位，今天我用山東汶（wèn）河產的活魚，選最肥的切了一盤膾。

烤全羊的秘密

唐朝的烤全羊有一種獨特的做法，是選一隻小嫩鵝，然後把精肉、上等的大米、五味調料放在鵝肚子裏，再把鵝放在羊肚子裏。烤熟後，把鵝肚子裏的肉和米拿出來，連鵝肉切好，給貴客吃。羊肉就給僕人們分了。

咦，羊肚子裏裝着一隻烤鵝呀。

如果你們不習慣吃生的，那麼這道烤全羊，你們一定喜歡。

燒尾宴

唐代考中了進士的人，要擺宴席慶祝，叫「燒尾宴」。這和一個神話故事有關。黃河上有一個地方叫「龍門」，據說如果鯉魚逆流而上跳過龍門，就會變成龍。但是這時候，天上會降下雷火，把魚尾巴燒掉，這樣才能變成真龍。考上進士，就好像鯉魚跳過了龍門。「燒尾宴」就是慶祝原來的魚尾巴被燒掉的意思。

斗酒百篇

形容人才華橫溢，文思敏捷。出自杜甫《飲中八仙歌》：「李白斗酒詩百篇，長安市上酒家眠。」

玉樹臨風

形容美男子身材挺拔，容貌出眾。出自杜甫《飲中八仙歌》：「宗之瀟灑美少年，舉觴（shāng）白眼望青天，皎如玉樹臨風前。」意思是說：飲中八仙之一的崔宗之，是一個瀟灑的美少年。舉着杯子傲視青天，白皙有神采的樣子，好像一棵玉樹立在風前。

唐代擀麪泥俑

盛世的陰影

剛才的烤全羊吃得
太熱了，讓我們去一
個涼快些的地方吧。

古代的燃料

白居易所寫的《賣炭翁》講述了一個賣炭的老人辛辛苦苦燒了一千多斤炭，用車子拉到長安城賣。沒想到被人搶走了，只給了他幾尺布當炭錢。這些人是皇宮裏辦事的人，負責出宮買東西，自稱「宮市」，說是奉聖旨買皇上和宮裏要用的東西。他們只給很少的錢，有時候分文不給，其實就是狗仗人勢，到處搶劫。他們有勢力，老百姓受欺負，也不敢出聲。

炭是古時很重要的燃料。除此之外，還有草和柴。柴就是柴火，是最常用的燃料。原料是乾枯的樹枝，或把大樹幹劈成一根根的。古代管柴火叫「薪」，打柴和打水，是維持每天日常生活必須做的事。所以後來發的工資還叫「薪水」，意思是供日常生活的花費。如果沒有柴燒，也可以燒草，比如蘆葦或其他乾草，但是草的火力不如柴，而且特別佔地方。炭是比較高級的燃料，比柴和草都好很多。炭是把木材放在專用的炭窯裏燒，把木材裏的水分、雜質去掉。燒的時候不冒煙，火力猛。而且重量比木柴輕得多。有錢人家做飯和取暖都要用大量的炭。

哇，這裏好冷啊。怎麼
還有個老人家坐在那
裏，他看起來好傷心。
他是一位賣炭翁。

中國人兩千多年前就發現了煤，也叫「石炭」。但是古代燒煤，有兩個大問題：第一，產量不高；第二，煤不像樹木野草，不是甚麼地方都產。沒有貨車、火車、輪船的時代，不容易運輸煤。煤礦附近的人家雖然會燒煤，但全國大多數地區，還是就近去山林、野地裏打柴草，燒木炭。因為只有不斷生長的樹木，才是最方便的燃料。

古時候的農民因為工具和經濟的限制，耕種十分辛苦。播種之前，他們需要把田地裏的土翻一翻，原始人只是用鋤頭或帶尖的棍子翻土，後來就發明了「犁」。犁的頭部是一塊帶刃的鐵片，安在木頭架子上，可以讓牛拉着翻土，人就省力了。

大唐到這時，快要滅亡了。所以，我們去宋朝的首都汴京吧。

直轅犁

拴牛的木頭叫「轅」，早期的轅都是直的，叫直轅犁。這種犁太笨重，牛拉起來很費力，轉彎也不方便。

唐代的曲轅犁把這根木頭改成彎的，而且犁頭可以升降，調整高低，還在轅上安上了轉盤。這樣，整個架子變得輕便靈活，牛拉起來省力，更方便調頭和轉彎了。

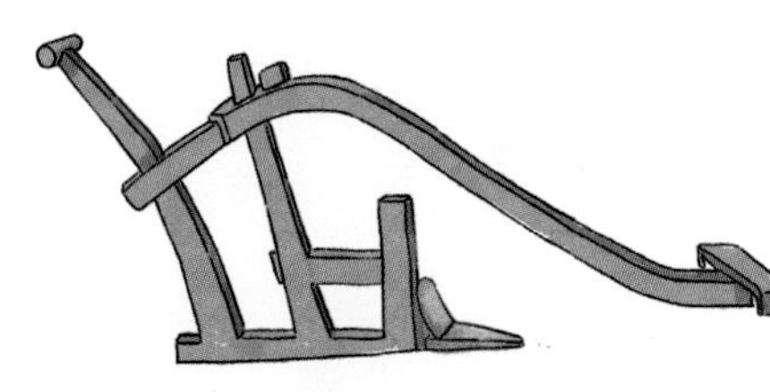

曲轅犁

當時，農民完成收割第一件事並不是收入倉庫或者烹調食用，而是繳納賦稅。「賦稅」就是官府向老百姓徵收的糧食和錢。唐代從安史之亂後，就開始衰落了，官府收的賦稅越來越重。還有些地方，是由一些有兵權的人佔領，這種叫藩（fān）鎮割據，他們不聽朝廷命令，向老百姓徵收的賦稅也多得數不清。

還有些地方，連衙門裏一個小小的官差，都可以隨便欺負老百姓。比如一塊稻田，收了十斗白花花的大米，交到官府，收租子的官差非說要用他們的斗來量，量起來卻只有五斗。不夠的話只能再借糧食補上，或者花錢向他們行賄，求情。這樣，老百姓怎能不餓死呢？萬般無奈之下，百姓只能挖一些野菜或者撿一些果實來吃。橡子，就是橡樹的果實，有點像栗子，拿回家蒸、曬之後，可以做成橡子麪，代替糧食。

你看，那還有一位老奶奶，她提着籃子哭得好傷心，我們去問問她怎麼了。
我兒子是這個村子的農民，上個月餓死了。我沒人養活，只好到野地裏撿些橡子吃。

白居易

白居易是唐代中期的著名詩人，字樂天，號香山居士。他看到當時社會上有許多不公正的現象，就創作一批詩歌，揭露社會黑暗，同情人民。這種詩叫「諷喻詩」。《賣炭翁》就是其中最著名的一首，此外，還有反映貧富不均，貴族奢侈糜爛生活的《輕肥》，反映農民辛苦的《觀刈（yì）麥》等。

抱薪救火

抱着柴火去救火，反而會讓火越燒越猛。比喻以錯誤的做法去消滅禍患，反而使禍患擴大。

精耕細作

不斷地改進技術，細緻地耕作，讓每一塊土地都儘量出產東西。這是傳統農業的特點。因為人多地少，土地是有限的。曲轅犁的出現，標誌着這種精耕細作的農業又上升了一個新水平。

博物館

唐代燒炭白瓷風爐

唐代廚事女羣俑

大宋美食達人

哎呀，糟了，時空之鏡出了故障，這裏不是汴京，好像是黃州。

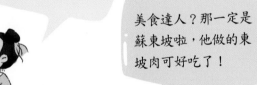

那我們就在這裏尋找美食達人吧。

美食達人？那一定是蘇東坡啦，他做的東坡肉可好吃了！

寒食節

「寒食節」是一個傳統節日，即是家裏的灶台不能起火，只能吃冷的食物。有一種關於寒食節的說法，說是和一種古老的「改火」習俗有關。上古時代，人工取火很不容易，火種需要長期保持不滅的。但每到初春，氣候乾燥，容易發生火災。古人迷信，認為是去年的火種不乾淨了。這時，他們就會把去年留下的火種全部熄滅，這就是「禁火」，然後重新人工取火，取出新火種，算是新生活的開始。這種新火，古人認為是乾淨的。這個習俗，叫「改火」。改火的這幾天裏，不能生火做飯，只能吃冷食。後來雖然人工取火變得方便，但這個習慣保持了下來，就形成後來的寒食節。有的地方是三天，有的地方是五天甚至七天。

百姓為了應對寒食節，會提前做好許多食物備着。比如煮好了肉，煎好了魚，熬好了粥。宋朝人還為寒食節準備了各種糕點。比如青糰、棗糕、饊（sǎn）子，還有人用麪和棗泥做成小燕子，叫「子推燕」。

饊子是一直吃到今天的傳統美食。它還有一個名字，叫「寒具」，就是專給人在寒食節吃的。

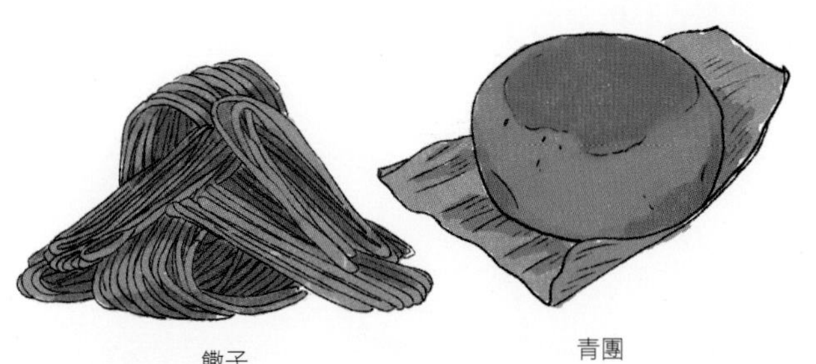

饊子　青團

青糰是一種米食，又叫「青精飯」，因為其外皮中使用了青草汁液，故色澤為青綠色。

蘇東坡先生，我們想來嚐嚐您做的東坡肉。
好啊，可是今天是「寒食節」，不能生火燒肉啊！

東坡肉

黃州這個地方雖然出產上好的豬肉，價錢十分便宜，可是沒人重視。這是因為宋朝的貴族，主要的肉食是羊肉。比如皇宮裏，一年能吃掉幾十萬斤羊肉，但豬肉一般不能端上皇帝的餐桌。所以，有錢人看不上豬肉；窮人呢，又不會做。只有像東坡先生這樣的人，有學問，有情調，貼近老百姓，才能把平民的飯食變成美食藝術。

沒關係，我們有時空之鏡！看我往後撥三天……
還要等三天才能吃上東坡肉啊？我都等不及啦！
好啦，寒食節過去了，今天我就來給你們做東坡肉。

分茶

分茶是一種特殊的茶藝。茶煮好後，泛起的白色泡沫，叫「乳」。用小勺子攪動這種「乳」，就可以在茶水表面上形成圖案，這叫「分茶」，有點像今天的咖啡拉花。不同的是，分茶不需要加入牛奶或者任何額外的東西，就可以達到這樣的效果，是茶藝中非常精妙的一種，頗受宋代貴族和文人雅士的喜愛。

皇宮門口的鬧市

宋代的汴京，是一個商業特別發達的城市。從早到晚都有飯店做買賣。白天營業的飯店到深夜剛關門，做早點生意的小吃店又開了。大大小小的飯店、小吃攤，不但遍佈整個城市，就連皇宮門口都有。因為大臣們上朝的時間很早，等着朝見皇帝的時候，又冷又餓。賣小吃的小販就乾脆把攤位擺在皇宮門口，大臣們很歡迎，皇上也沒禁止。

終於到汴京了，現在是淩晨四點。我們去哪裏找吃的啊。

別急，皇宮門口就有吃的。

快看，這麼早皇宮門口居然已經有人上朝了！

介子推

關於「寒食節」的起源，另有一個說法和春秋時期的名臣介子推有關。當時晉國發生內亂，晉國公子重耳流浪在外。大臣介子推等人幫助他回到晉國當國君，就是晉文公。晉文公賞賜患難時跟隨他的大臣們，但介子推性格高潔，不肯接受，就跑到山裏藏了起來。晉文公想逼他出來，就放火燒山。沒想到介子推寧死也不出來，就這樣被燒死在山裏。後人為了紀念他，就在冬至後的第一百零五天裏不燒火做飯，這就是「寒食節」。

晴窗細乳戲分茶

這是宋代陸游《臨安春雨初霽（jì）》裏的句子，連起來的兩句是「矮紙斜行閒作草，晴窗細乳戲分茶」，意思是說：閒時鋪開小紙寫着草書，在晴日窗前煮水沏茶，茶水泛起泡沫，把茶水畫成各種圖案來玩。這兩句詩雖然看起來悠閒自在，卻表現了詩人報國無門，閒居無聊的心情。

大快朵頤

大吃大嚼，美美地吃一頓。朵頤，指鼓起腮幫大嚼。

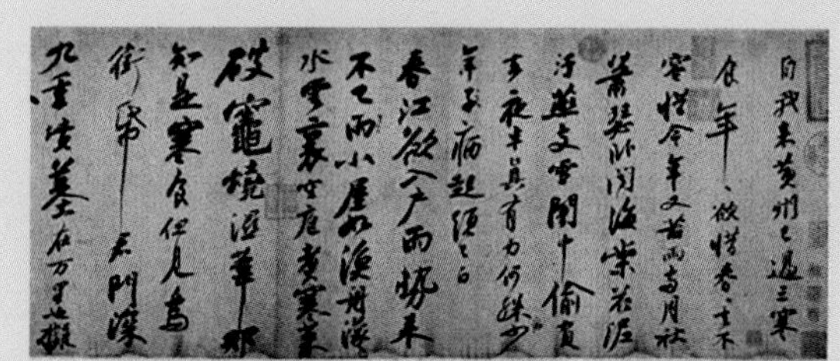

蘇軾《黃州寒食詩帖》

宋代宮廷茶器

遼金元明清

遼金元

北方有遼、金兩個朝代和宋朝同時存在，後來蒙古族興起，建立了元。我們先去這三個北方王朝找找美食達人吧！

頭魚宴

這裏是混同江，也就是今天的松花江。東北地區的女真人住在這裏，他們以捕魚、打獵為生。按照當地風俗，每年春季最早捉到的魚，要先給祖先上供，還要擺酒宴慶祝，這叫「頭魚宴」。

有一年遼天祚帝到這裏巡遊，命令女真各部酋長在頭魚宴上朝見自己，並為自己獻舞。當時，女真人生活在遼國的統治下，經常受遼貴族的欺負。所以，女真人對遼天祚帝很不滿。其中，女真完顏部酋長烏雅束的兒子阿骨打便在宴會中拒絕獻舞。當時的他雖然年輕，但看到遼朝的首領腐敗霸道，就決心自立門戶。烏雅束去世之後，他繼任首領，訓練人馬，修建城堡，建立政權，國號為「金」，起兵反遼。十幾年後，金人終於滅掉了遼，成為統一北方的新王朝。

好多人在捕魚啊！
但為甚麼看起來那
麼不高興？

羊肉，羊肉，還是羊肉！

元朝是由蒙古人建立的，他們當然愛吃羊肉。這個風氣帶到中原來，北方的老百姓也就無羊肉不成席了。除了羊肉之外，元代還有很多前朝沒有普及的外來食物。例如「回回蔥」，也就是今天的洋蔥。洋蔥原產於中亞或西亞，是元代傳入中國的。還有胡蘿蔔，是在宋代傳入中國，在元代普及開來的。元朝人做羊肉湯、燉羊肉，裏面都會加上胡蘿蔔。洋蔥和胡蘿蔔，是元代很重要的兩種外來蔬菜，今天已經非常常見了。

遼、金好像都沒甚麼美食達人。
那我們去元朝看看吧。

雲林鵝

倪瓚有潔癖，最愛乾淨。過去人打水，都是一條扁擔挑兩桶水，身前一桶，身後一桶。他叫人去打水，只喝前面那桶；後面那桶，必須倒掉。因為他怕僕人在路上放屁，把身後的那桶水弄髒了。

倪瓚發明了一種美食非常受人喜愛，名叫「雲林鵝」。把一隻整鵝洗乾淨，用鹽水擦過，肚裏塞一根葱，外面用蜂蜜拌酒，塗遍鵝的全身。然後放在鍋裏，用酒蒸。這隻鵝蒸出來又酥又爛，因為倪瓚號「雲林」，所以這道菜人稱「雲林鵝」。

倪瓚

倪瓚是元代大畫家，有潔癖，他的文房四寶有兩個傭人負責隨時擦洗。院裏有棵梧桐樹，他也叫人每天早晚挑水洗乾淨。梧桐樹洗來洗去，經不起折騰，竟然死了。他曾經留朋友夜宿家中，卻擔心朋友把家裏弄髒，就晚上起來三四次，偷聽朋友的動靜。忽聽朋友咳嗽了一聲，他就非常厭惡，認為朋友一定在吐痰。等天亮，他就叫書童找那口痰在哪裏。書童找了半天找不到，怕捱打，只好找了一片樹葉，上面有點痕跡，好像是痰，跟倪瓚說找到了。倪瓚捂住鼻子，閉上眼睛，叫書童丟到三里外的地方去。

直搗黃龍

金朝興盛後，先滅了遼，後滅了北宋。南宋軍民奮起抗爭，名將岳飛率軍奮戰多年，收復了大片失地，被金朝佔領的地方的人民也紛紛起來響應，收復中原指日可待。岳飛高興地對部下說:「直抵黃龍府，與諸君痛飲爾！」黃龍府在今吉林農安，當時是金朝腹地。後來「直搗黃龍」泛指搗毀敵人的巢穴，把戰爭進行到底。

繁峙縣岩山寺金代壁畫「酒樓圖」

河北宣化遼墓出土的一桌酒席

元代山西廣勝寺壁畫賣魚圖

大家好，我是宋應星。我寫了一部書，叫《天工開物》，裏面記錄了我們這個時代農業、手工業的各項技術，包括製鹽、製糖、榨油、造酒等，都是最先進的技術。

明朝很多文人都寫了專門的美食著作。從皇帝的御廚，到豪門貴族的私家廚房，有很多出色的廚師。不過，我要推薦一位明末科學家——宋應星！

糖

明代出現的白砂糖，要製造可不是一件簡單的事情。我們平時吃的白砂糖，是從甘蔗中煉製出來的。古代中原地區雖然也吃甘蔗，但用甘蔗製糖的技術並不發達。所以早期的糖，都不是蔗糖，而是用大麥、小麥製成的麥芽糖。後來唐代從印度引進了先進的製糖技術，開始大量製糖。不過當時的糖有很多雜質，顏色也不好看，黑乎乎的，用甘蔗榨糖漿的工具也很落後。明代，給糖漿去色的技術大大提高，造出了白砂糖，還出現了榨甘蔗汁的機器「蔗車」。整套的製糖技術都被宋應星記錄在《天工開物》裏。

蔗車，主要部分是兩個石頭滾子，每個滾子都有一圈齒，互相咬住。牛拉着石滾子咕嚕咕嚕地轉動起來，就能把甘蔗壓碎，榨出汁來。要想得到糖，就得給甘蔗汁加熱，變成濃稠的糖漿。但加熱後的糖漿是黑褐色的，製出的糖類似今天的紅糖或黑糖。如果想要白糖，就要往糖漿裏放黃泥水。黃泥的作用，是吸收糖漿裏的雜質，然後沉到下面去。上面就凝結出雪白的白砂糖了。

蔗車製糖

辣椒

明代將辣椒稱為「番椒」。它會結出尖尖的果子。確實很辣，但紅通通的。種在花盆裏很喜慶，很好看。

中國古代原來不產辣椒。古代人要吃辣，靠蔥、薑、蒜、藠（jiào）頭、茱萸（zhū yú）等調味。辣椒是明代傳入中國的，當時的辣椒，還不是吃的，而是種在花盆裏欣賞的，後來才漸漸成了調味品。

明朝時期，辣椒漸漸傳到了四川、貴州這些西南地區後，當地的老百姓很喜歡。因為西南地區不靠海，缺鹽。沒辦法，只好在飯菜裏放大量辣椒提味。今天，雖然全國各地都不缺鹽了，但西南人民卻養成無辣不歡的口味。而且，四川的窮苦百姓，平時幹體力活，一定得吃肉。但他們吃不上甚麼好肉，只能吃變質的，或者便宜的內臟。辣椒可以把原來的味道蓋住，所以毛血旺啊，麻辣燙啊，其實都是窮人沒有好的食材，才無奈發明出來的菜餚。

蔥
茱萸
藠頭
薑
蒜
感謝大家來看我，我得到一盆很漂亮的花，作為禮物送給你們。
不怕辣，
辣不怕，
怕不辣！
唉，這不是辣椒嗎？

胡、西、番、洋

現在我們很多蔬菜名字中都有「胡、西、番、洋」這樣的字。這是因為過去，外國叫「胡地、西洋、番邦」，外國人叫「胡人、西洋人、番人」。帶有這些字眼的蔬菜，最初都不是我們本土生產的。凡是叫「西」的，一般都是從西方引進的。而叫「胡」「番」「洋」的，往往說明了它們引進的時代。凡是叫「胡」的，大多是漢代或魏晉時期從西北的陸路引進的；凡是叫「番」的，大多是明代從東南沿海引進的，因為明代管外國人叫「番」；凡是叫「洋」的，大多是清代引進的，因為清代管西方各國統稱為「洋」，西方人叫「洋人」，西方貨叫「洋貨」。

比如你看，西瓜，有個「西」字；青瓜又叫「胡瓜」；蠶豆又叫「胡豆」；核桃又叫「胡桃」；芝麻又叫「胡麻」；芫荽又叫「胡荽（suī）」；大蒜又叫「胡蒜」。還有番茄、番薯，以及辣椒又叫「番椒」，花生又叫「番豆」。另外，就是帶「洋」字的，馬鈴薯又叫「洋芋」，還有一種藥材，叫「西洋參」，即花旗參。

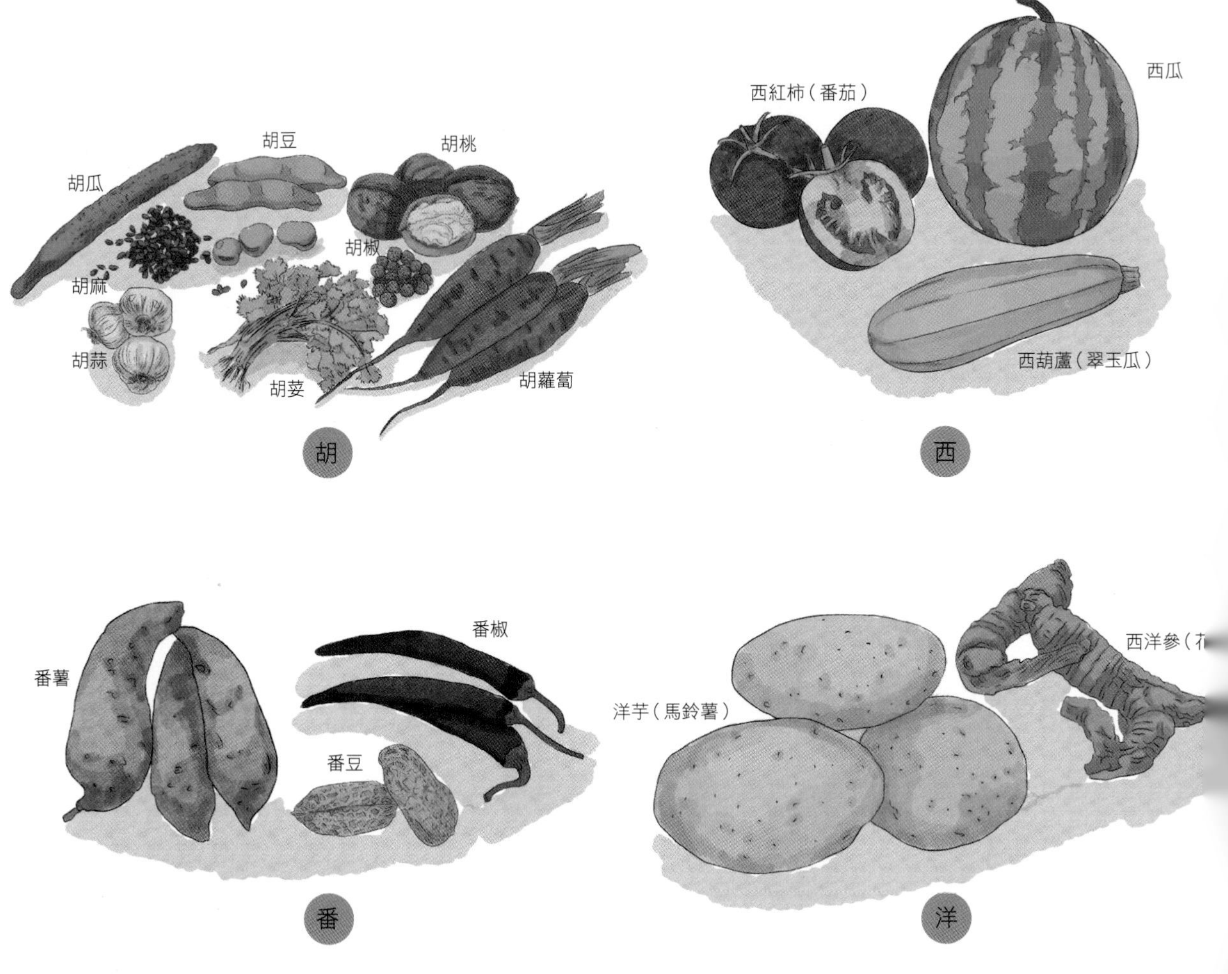

白糖和土牆

據說，白糖的發明，源於一個非常偶然的事故。元代福建泉州南安有一位姓黃的富戶，請人製糖。製糖工匠做出糖漿後，把盛糖漿的缸放在一堵土牆下面。沒想到土牆塌了，黃土掉進了糖漿裏，這讓工人大吃一驚，以為這缸糖漿用不了。沒想到不久竟然發現，黃泥漸漸沉底，上面結出了白色的糖粒，這就是白糖。

甘之若飴

把做一件艱苦的事看成像吃麥芽糖那樣甜，比喻甘願承擔艱苦的事情和作出犧牲。飴，麥芽糖。

含飴弄孫

含着飴糖逗小孫子玩。形容老人晚年自娛自樂，不問他事的樂趣。

《天工開物》書影

椰菜又叫洋白菜，根據這個稱呼，猜一猜椰菜大概是甚麼時候傳入中國的？

這位是清代文學家袁枚先生。他最擅長研究廚藝。他家的花園叫「隨園」，所以他寫的食單就叫《隨園食單》，可以說是清代美食大全。

不忙，我朋友蔣賜棨請我吃飯，我要先趕去他家。不然你們和我一起去吧！

袁先生，你來當清代的美食達人吧。

隨園食單

相傳，袁枚到誰家去做客，都要留意宴席上的菜。只要哪道菜覺得好吃，他就記下來，他自己，或是叫他的廚師跑去拜師學藝，無論怎麼磕頭花錢說好話，也得把這道菜學到手。這樣日積月累，就寫出一部《隨園食單》，這是清代著名的飲食著作，記錄了三百多種菜品，而且到今天還可以照着搬上飯桌。

而袁枚曾經為之三折腰的這道豆腐做的菜，就被袁枚稱為「蔣侍郎豆腐」，做法是「豆腐兩面去皮，每塊切成十六片，晾乾，用豬油熱灼，清煙起才下豆腐，略灑鹽花一撮，翻身後，用好甜酒一茶杯，大蝦米一百二十個；如無大蝦米，用小蝦米三百個；先將蝦米滾泡一個時辰，秋油一小杯，再滾一回，加糖一撮，再滾一回，用細蔥半寸許長，一百二十段，緩緩起鍋。」

皇帝的菜譜

皇家的宴席往往十分奢華。晚膳共九桌，每桌十二品，一共一百零八品，有火鍋、熱菜、熟食、蒸菜、醬菜、主食、湯類、甜點。菜品有燕窩、扁豆鍋燒鴨絲、酒燉鴨子、酒燉肘子、燕窩肥雞絲、羊肉片、清蒸鴨子、燒鹿肉、野雞丁、小饅頭、小糕點、醬菜絲等。另外還有「看菜」幾十種。看菜，就是擺擺樣子，只看不吃的菜，顯得宴席豪華。撤下來的菜，可以賞給身邊的妃子、太監、皇子、公主，還可以拿出去，賞給他喜歡的大臣們，作為皇恩的象徵。

不過要說美食的話，肯定哪裏都比不上乾隆皇帝的宴席。現在恰逢皇上南巡，住在南京行宮，不如我們去看看吧！
南京行宮

番薯、粟米和馬鈴薯

番薯，又叫甘薯、紅薯、地瓜，原來是美洲的農作物，是明代中期來到中國的。沒想到中國的氣候和土壤，特別適合這種東西，一下子就普及開了。明末清初，戰亂不斷，還經常鬧水災、旱災。番薯容易生長，成了老百姓的救命糧食。和番薯差不多同時傳入中國的，還有粟米、馬鈴薯。這幾樣東西也適合中國的氣候，幫老百姓度過了許多荒年。清代政府也大力推廣種植粟米和馬鈴薯，中國人口在清初只有 1.2 億，晚清時期就達到了 4 億多，不能說沒有這幾樣外來農作物的功勞。

皇上，今年收成不好，很多地方都鬧了旱災。有幾個縣，雖然也遇上災害，但老百姓因為種了很多番薯所以都平安無事。
啟奏皇上，這是一盤烤番薯。
為甚麼給朕吃這種東西？

這幾樣東西比傳統的糧食到底強在哪裏呢？第一是容易生長；第二是大且容易保存，含的澱粉多，營養足；第三是吃起來方便，不用怎麼加工。小麥需要磨成麪粉，水稻需要脫殼，粟米直接扔鍋裏，煮熟了就能吃。馬鈴薯和番薯更簡單，點把火烤熟了就能吃。

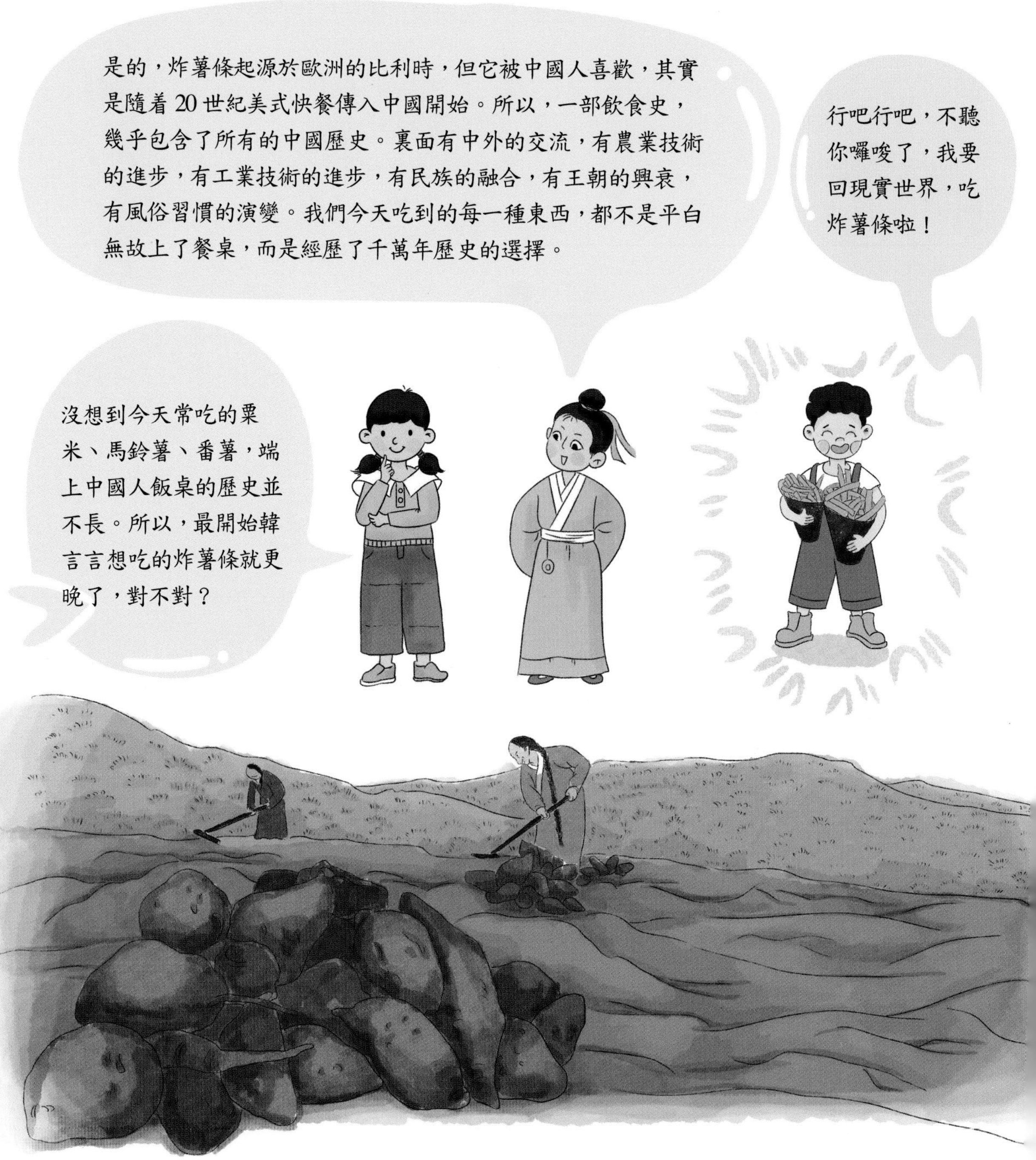

是的，炸薯條起源於歐洲的比利時，但它被中國人喜歡，其實是隨着 20 世紀美式快餐傳入中國開始。所以，一部飲食史，幾乎包含了所有的中國歷史。裏面有中外的交流，有農業技術的進步，有工業技術的進步，有民族的融合，有王朝的興衰，有風俗習慣的演變。我們今天吃到的每一種東西，都不是平白無故上了餐桌，而是經歷了千萬年歷史的選擇。

行吧行吧，不聽你囉唆了，我要回現實世界，吃炸薯條啦！

沒想到今天常吃的粟米、馬鈴薯、番薯，端上中國人飯桌的歷史並不長。所以，最開始韓言言想吃的炸薯條就更晚了，對不對？

陳振龍

陳振龍是明末人，號稱「甘薯之父」。他是福建省福州府長樂縣（今福建福州長樂區）人，曾經考中秀才，後棄儒從商，到呂宋島（今菲律賓）經商。陳振龍見當地到處在種甘薯，這種作物耐旱易活，生熟都可以吃，就想把它引進到中國，但是當地政府不許出口甘薯，陳振龍就把薯藤絞進繩子裏，渡海帶回福州培植，試種成功後，福建巡撫金學曾得知後，用政府力量大力推廣種植。漸漸地甘薯被推廣到全國各地，幫老百姓度過了許多荒年。

吃一看二眼觀三

民間流傳的宮廷宴席的擺設。吃一道菜，看着兩道菜，還有三道菜是只供遠觀的。也比喻人貪心不足，得到這個好處，又望着那個好處。

三代為宦，才知穿衣吃飯

民間俗語，意思是說，要家裏三代做過官，有錢有勢，才有一定的文化積累，才知道穿衣吃飯的各種講究。宦（huàn），官員。原出魏文帝曹丕《詔羣臣》：「三世長者知被服，五世長者知飲食。」長者，這裏指顯貴的人。

想一想，如果歷史上沒有任何引進的外來物種，今天有哪些食物不會出現在餐桌上？

只有抱着開放、探索的心態，才能有更多的發現。
張騫
平生最愛，江南水鄉！
張翰
賈思勰
層出不窮的美食，取決於技術的不斷革新！
異界美食

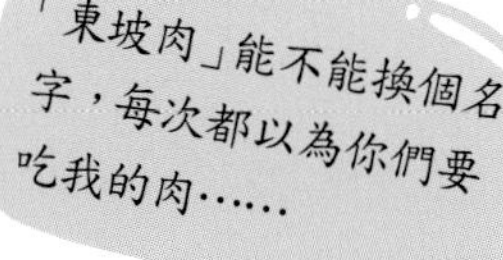
「東坡肉」能不能換個名字，每次都以為你們要吃我的肉……
蘇軾

你們愛怎麼評怎麼評，不要隨意出氣放屁……
倪瓚
人評選會

各位，我們要回到現代社會了，歡迎下屆美食之王到我們家做客。

，這些人
我們還要
一位「美
王」啊。
所有的人都對中華美食作過貢獻，但我認為，張騫先生遠征西域，為中外交流作出了巨大的貢獻，從他開始，我們的飲食原料才開始豐富多樣。我決定，把本屆「美食之王」的稱號送給張騫先生，並送出穿越現代社會的門票一張。

同意！張騫先生當之無愧！

1

韓言言的家旁邊，開了一家孔子主題的餐館，宣稱復原孔子時代的大餐。韓言言一家去吃了。一共上了 12 道菜，4 種主食，3 種飲品。動腦筋想一想，這些菜品中，哪些不屬於孔子時代？請寫在右邊的空白處。

12道菜

1 撈汁秋葵

2 烤羊排

3 荇菜肉絲湯

4 燉豬蹄

5 糖拌黃瓜

6 麻辣豆腐

7 拔絲馬鈴薯

8 白切羊肉

9 魚香茄子

10 清蒸童子雞

11 番茄燉牛腩

12 水果拼盤

4種主食

1 芝麻燒餅

2 香米飯

3 羊肉胡蘿蔔餡餃子

4 小米哈密瓜粥

3種飲品

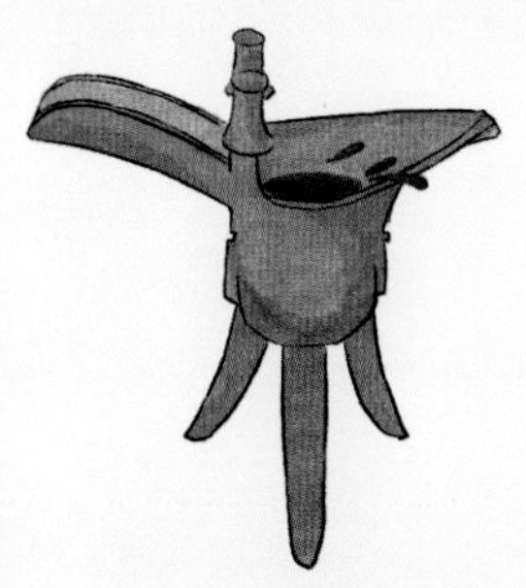

1 乾紅葡萄酒

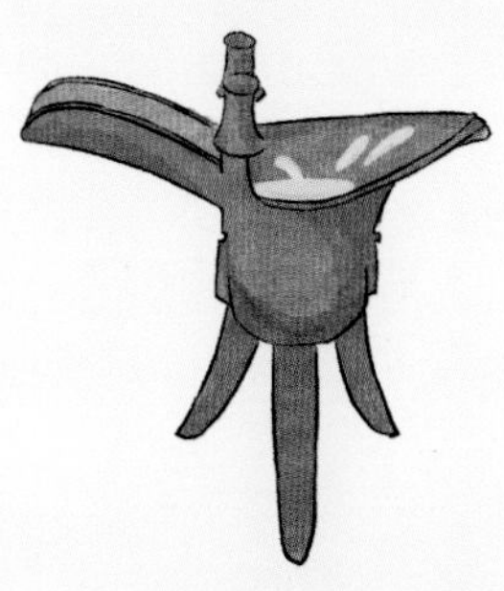

2 冰鎮米酒

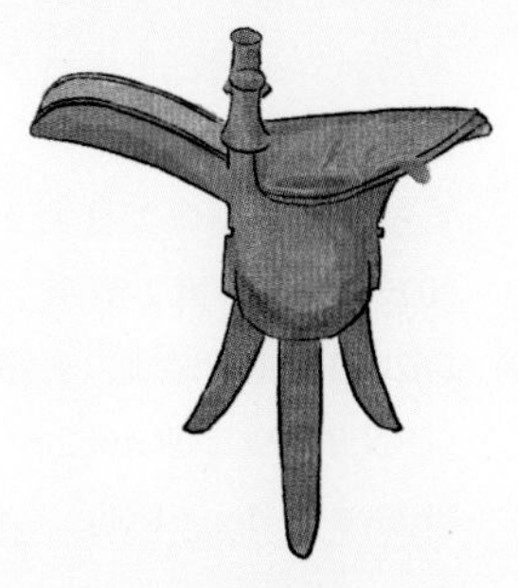

3 鮮榨西瓜汁

責任編輯　毛宇軒　林可淇
裝幀設計　趙穎珊
排　　版　高向明
責任校對　趙會明
印　　務　龍寶祺

一看就懂的中華文化常識（飲食篇）

作　　者　李天飛
出　　版　商務印書館（香港）有限公司
香港筲箕灣耀興道 3 號東滙廣場 8 樓
http://www.commercialpress.com.hk
發　　行　香港聯合書刊物流有限公司
香港新界荃灣德士古道 220-248 號荃灣工業中心 16 樓
印　　刷　嘉昱有限公司
香港九龍新蒲崗大有街 26-28 號天虹大廈 7 字樓
版　　次　2023 年 12 月第 1 版第 1 次印刷

ISBN 978 962 07 4682 6
Printed in Hong Kong